종교사 입문

Günther Lanczkowski
Einführung in die Religionsgeschichte
© Wissenschaftliche Buchgesellschaft, Darmstadt 1983

Translated by Tae-Sik Park
© Benedict Press, Waegwan, Korea 1997

종교사 입문
1997 초판 | 2003 3쇄
옮긴이 · 박태식 | 펴낸이 · 이형우
ⓒ 분도출판사
등록 · 1962년 5월 7일 라15호
718-806 경북 칠곡군 왜관읍 왜관리 134의 1
왜관 본사 · 전화 054-970-2400 · 팩스 054-971-0179
서울 지사 · 전화 02-2266-3605 · 팩스 02-2271-3605
www.bundobook.co.kr

ISBN 89-419-9705-4 04230
ISBN 89-419-8651-6 (세트)
값 5,000원

종교학총서 7

종교사 입문

귄터 란츠콥스키 지음

박태식 옮김

분도출판사

종교학총서

편 집

위원장
길희성

위 원
김승혜 · 김성례

서강대학교 종교학연구소 편

차 례

머리말 ·· 7
옮긴이의 글 ·· 9

1 구약성서 시대의 근동 종교들 ································· 11
1. 이집트 종교 ·· 13
2. 메소포타미아 종교 ··· 22
3. 이란 종교 ··· 29
4. 헤트 종교 ··· 37
5. 가나안 종교 ·· 41

2 신약성서와 초기 그리스도 교회 주변의 종교 세계 ······· 45
1. 유대교 ··· 46
2. 헬라 세계와 로마의 종교 ·· 51
3. 마니교 ··· 64

3 그리스도교 이전의 북구 유럽 종교들 ······················ 69
1. 켈트 종교 ··· 70
2. 게르만 종교 ·· 76
3. 슬라브 종교 ·· 82
4. 발틱 종교 ··· 88
5. 핀란드 종교 ·· 91

4 오늘날의 종교다원적 상황 ······································ 95
1. 중국 종교 ··· 97
2. 인도 종교 ··· 103
3. 이슬람 종교 ·· 117
4. 일본의 신도 종교 ··· 126

5 현대 세계의 종교 상황 ·· 131
6 종교와 역사 ··· 143
1. 종교의 역사성 ·· 144
2. 종교의 역사관 ·· 149
3. 역사의 시대 구분 ··· 153
4. 역사의 원동력인 종교 ·· 156

일러두기

1. 고유명사의 우리말 번역에 있어서는 종교학 계통 서적의 관례에 따르기로 했고, 서적들에서 일치가 되지 않는 경우는, 우리말로 된 『브리타니카 백과사전』을 따른다. 괄호 속에 있는 고유명사는 원문에 따라 독일어 표기를 사용했다.
2. 성서 본문은 『공동번역』을 따랐고, 그외 각 경전의 번역은 이미 우리말로 이루어진 번역을 따랐으며, 별 도리가 없는 경우는 사역했다.

머 리 말

이 책은 그리스도교 신학과 그의 관련 분야 및 관련 학문들과의 관계를 설정하기 위해서 씌어졌다. 물론 이 작은 책을 통하여 이제까지 이루어진 종교사(Religionsgeschichte)의 연구를 종합한다는 것은 불가능하다. 오히려 이 책에서는 종교사라는 연구 분야로 들어가는 길을 제시하고, 각 종교들을 주도면밀하게 하나씩 나누어 다룬다기보다는 각 종교들의 특징, 이를테면 근본사상이라든가 실존적인 경험들을 소개한다고 봄이 옳겠다.

그와 더불어 그리스도교와 다른 종교들의 역사적인 만남도 정리해 보고자 한다(특히, 근동 종교와 성서와의 관계가 집중적으로 다루어질 것이다). 그리고 한 걸음 더 나아가 이제는 그리스도교가 더 이상 피할 수 없게 된 유교, 불교 등 세계 종교들을 살펴보고 그 이해의 가능성을 타진해 보는데 노력을 기울일 것이다.

여기서는 이미 정착된 종교사의 연구 결과들을 토대로 하겠지만, 나름대로의 관점도 제시되며, 필수적으로 각 종교의 역사적인 사건들을 토대로 시대를 구분해 볼 것이다. 마지막으로 각 종교의 역사적인 변천 과정에서 나타나는 특징들을 점검하고, 또한 종교가 인류 역사의 원동력이 된다는 점을 환기시킬 것이다.

종교사 참고문헌

Jes Peter Asmussen/Jorgen Laessoe, *Handbuch der Religionsgeschichte* (Göttingen 1971/1975); C. Jouco Bleeker/Geo Widengren 편, *Historia Religionum* (Leiden 1969-1971); Pierre Daniel Chantepie de la Saussaye, *Lehrbuch der Religionsgeschichte*, Alfred Bertholet/Edward Lehmann 편 (Tübingen 1925); Carl Clemen 편, *Die Religionen der Erde* (München 1966); Mircea Eliade,

Geschichte der religiösen Ideen (Freiburg 1978-1983); Friedrich Heiler, *Die Religion der Menschheit* (Stuttgart 1980); Franz König 편, *Christus und die Religionen der Erde* (Wien 1956); G. Lanczkowski, *Geschichte der Religionen* (Frankfurt a. M. 1972); Peter Meinhold, *Die Religionen der Gegenwart* (Freiburg i. Br. 1978); Hemler Ringgren/Ake V. Ström, *Die Religionen der Völker* (Stuttgart 1959); Hans Joachim Schoeps, *Religionen. Wesen und Geschichte* (Gütersloh 1961); Christel Matthias Schröder 편, *Die Religionen der Menschheit* (Stuttgart 1960-); Alfred Bertholet 편, *Religionsgeschichtliches Lesebuch* (Tübingen 1926-1932).

사전류

Hans Bächtold-Stäubli 편, *Handwörterbuch des deutschen Aberglaubens*, 전10권 (Berlin 1927-1942); Alfred Bertholet/Hans F. v. Campenhausen, *Wörterbuch der Religionen*, K. Goldammer 편 (Stuttgart 1976); James Hasting 편, *Wörterbuch der Mythologie* (Stuttgart 1965-); Franz König 편, *Religionswissenschaftliches Wörterbuch* (Freiburg i. Br. 1956); Günther Lanczkowski, *Die Religionen. Eine Lexikon aller Religionen der Welt* (Manheim 1977); Wilfried Nölle, *Wörterbuch der Religionen* (München 1960); *Lexikon für Theologie und Kirche* (LThK), 전10권 (Freiburg i. Br. 1957-1965); *Die Religion in Geschichte und Gegenwart* (RGG) (Tübingen 1956-1965); *Theologische Realenzyklopädie* (TRE) (Berlin/New York 1977-).

옮긴이의 글

『종교사 입문』은 그리스도인들은 물론 종교학을 공부하려는 이들에게 큰 도움을 주는 책입니다. 이 책에서는 구약성서 시대부터 오늘날의 종교다원적인 상황에 이르기까지 다양한 시대의 종교들에 대해 광범위한 관찰을 시도하고 있습니다. 특히, 서구인의 시각이 충분히 반영되어 있다는 점에서 우리는 이 책의 가치를 찾을 수 있을 것입니다.

저자인 란츠콥스키 교수가 말했듯이 종교에는 역사를 움직일 수 있는 힘이 들어 있습니다. 따라서 종교를 잘 이해하면 엄청난 도움을 얻을 수도 있으나 혹시라도 왜곡된 시각으로 바라보거나 수용한다면 달갑지 않은 일들이 벌어지기도 합니다. 어느덧 종교의 박물관처럼 되어버린 한국에서는 이런 위험에 주의를 기울여야 할 것입니다. 독자들이 『종교사 입문』을 통해 종교에 대한 건강한 시각을 얻을 수 있기를 바랍니다.

이 책이 나오기까지 세심한 배려를 해주신 길희성 교수님과 분도출판사에 큰 감사를 드립니다.

박 태 식

1

구약성서 시대의 근동 종교들

 오랜 세월 동안 외진 곳에서 집단성을 띠고 성장해 온 종교들, 이를테면 에스키모나 남방 섬들의 종교 등을 제외하고는, 어떤 종교라도 그 인근 종교들로부터 완전히 독립될 수는 없었다. 인접한 종교들끼리는 항상 우위를 강조하느라 서로 부딪치곤 했는데 이 과정에서 각각의 신앙체계와 가치들은 방어벽의 몫을 담당하거나, 아니면 인근 종교의 좋은 점을 받아들여 재조정되기도 했었다.
 구약성서(이스라엘) 종교도 예외는 아닌 것이, 종교지리학적으로 볼 때 그 본거지가 바로 주위의 온갖 종교들로부터 쉽사리 영향을 받을 수 있는 위치에 있었기 때문이다. 사실 팔레스타인이란 곳은 바다와 사막 사이에 놓여 있어서 광대한 나일 강 유역 문화와 유프라테스, 티그리스 삼각주의 고대문화, 그리고 여러 종교들이 오가는 다리 역할을 했다. 좀더 넓게 보자면 팔레스타인을 간헐적으로 침략했던 소아시아 제국들의 영향도 고려에 넣을 수 있는데, 아마 페르샤 제국의 영향은 그들 중에서도 가장 지대했을 것이다. 마지막으로 구약성서에 있는 대로 히브리인들이 사십 년간의 광야생활을 마치고 들어온 가나안이라는 약속의 땅 역시 텅 비어 있던 곳이 아니라, 원래 그 땅에 살던 이들 고유의 종교가 있었음 역시 가볍게 보아넘겨서는 안된다.
 결국 이들 주위 종교들과 그 영향권 아래서 이스라엘 종교가 어떻게 대결을 벌였고, 또 스스로 일어설 수 있었는가가 전체적으로나 부분적으로나 바로 구약성서의 중심 주제가 된다. 이제부터 구약성서 주변세계에 대한 여러 가지 종교사적인 전제들을 검토해 보겠다.

참고문헌: Walter Beyerlein 편, *Religionsgeschichtliches Textbuch zum Alten Testament* (Göttingen 1975); Martin Noth, *Die Welt des Alten Testaments. Einführung in die Grenzgebiete der alttestamentlichen Wissenschaft* (Berlin 1962); Helmer Ringgren, *Die Religion des Alten Orients* (Göttingen 1979); Claus Westermann, *Das Verhältnis des Jahweglaubens zu den außerisraelitischen Religionen*, in: Forschungen am Alten Testament (München 1964) 189-218쪽.

1. 이집트 종교

고대 이집트라고 하면 우선 사막에 열지어 늘어선 피라미드들이 머리에 떠오를 것이다. 이들 중 가장 큰 것은 이집트의 고(古)왕국 시대(기원전 2770~2270)에 지어진 쿠프(Cheops) 왕의 무덤으로 높이가 146.59미터나 되는 엄청난 피라미드이다. 고대 이집트 왕국의 시대를 구분해 보자면 고왕국 이후로 중(中)왕국(기원전 2060~1786) 그리고 신(新)왕국(기원전 1580~1085)으로 나눌 수 있고, 이는 이집트 왕 파라오 중심의 역사 구분이라고 볼 수 있다.

고대 이집트의 문화 유산인 피라미드는 비단 고대문화의 증거이며 또한 기념비적인 건축물일 뿐 아니라, 고대 이집트 종교의 참모습을 이해하는 데 여간 중요한 구실을 하는 게 아니다.[1] 우리는 오늘날에도 피라미드의 웅대한 모습을 대할 때 과연 파라오의 지배가 얼마나 대단했으며, 어찌 보면 신성하게 보였을 정도였다는 사실을 어렵지 않게 짐작할 수 있다. 특히 고왕국의 파라오들은 모름지기 그 전성기를 누렸었는데 우리는 그들의 피라미드를 통하여 고대 이집트인들의 종교에 내포되어 있었던 죽음신앙과 저승에 대한 이해를 읽어볼 수 있다.

"신성한 왕권"이란 종교적이며 국가적인 차원을 동시에 포함하는 말인데, 이는 일본 천황의 경우가 역사상 가장 오래 지속되는 예이다. 그러나 오늘의 국가 개념과는 판이하게 다른 것이라 현대인이 이해하기란 그리 쉬운 일이 아니다. 이런 종류의 왕권이 가지는 신성함이란, 간단히 정의하자

---

1. 피라미드들은 고(古)왕국과 중(中)왕국 시대에 파라오의 무덤으로 지어진 것들이며 신(新)왕국에 들어서면서 파라오들은 피라미드 대신 이른바 "왕들의 계곡"(아랍어로 Bibanel Moluk)에 있는 돌무덤에 안장되었다.

면 지배자, 곧 왕이란 존재는 인간이라기보다는 바로 신이라는 사고방식에서 파생된 것이다.

파라오라는 이름은 "궁궐", "큰 집"이라는 뜻을 가지며 과거 터키 제국의 왕인 술탄을 위해 지었던 "높은 문"이 지니는 상징성과 견주어볼 수 있다. 고(古)왕국 시대에는 파라오가 매의 형상을 한 신의 모습으로 대변되었는데, 매의 큰 두 날개로써 상·하(上·下) 이집트 — 저승과 이승 — 두 나라를 모두 덮는다는 의미로 받아들일 수 있다. 위대한 신으로 추앙받았던 파라오의 신성함은 마치 둥근 보호막처럼 그를 감싸고 있어서 보통 사람은 도저히 가까이 갈 수 없었다. 단적인 예로 파라오가 화려한 행진을 벌일 때, 주위의 사람들이 "저기 신이 온다. 오, 세계의 보호자시여!"라고 목청 높여 외쳤다는 사실을 들 수 있다.

이들 파라오들이 당시의 이집트인들에게는 감히 접근할 수 없는 신성한 존재로 여겨졌기에, 그들이 죽어 안장될 피라미드를 엄청난 수의 인력을 동원해 지을 수 있었다. 그러나 파라오들이 비록 세계를 다스리러 내려온 신(神)으로서 불가사의한 힘을 가졌다 하더라도, 이것이 곧 전제정치로 이어지지는 않았다. 이집트의 왕들 역시 누구도 거역할 수 없는 질서를 따라야 했다. 그 질서란 신의 세계에서 나누어 받은 것으로, 크게는 제의(Ritus), 작게는 풍습으로 대변되는 여러 가지 생활 양태들을 일일이 규정하고 있다. 다른 고대 문명에서와 마찬가지로 이 질서 역시 인간을 에워싼 우주라는 개념에 기초를 둔 것이고, 이집트에서는 특히 우주적·제의적·윤리적 차원을 동시에 포함하는 거대하면서도 신성한 하나의 질서를 생각해 냈다. 이집트어로 "마트"(Maat)라고 불리는 이 질서는, 진리·정의·세계질서 등으로 번역될 수 있다.

"마트의 관리자" 혹은 "마트의 집행자"로서 파라오는 우주적인 질서와 깊은 관계를 맺고, 마트의 세계 내 실현이 의무로 주어져 있었으며, 또한 이것이 거꾸로 제약 조건으로 작용한 까닭에 전제군주로 군림할 수 없었다. 고대 이집트 미술에 등장하는 파라오들이란 어찌 보면 제의적 의무에 시달리는 외로운 노예처럼 그려지기도 한다. 신들과 한다발로 묶여져 있는 파라오에게 제의란 가장 중요한 의무이며, 전통을 신봉하는 입장(Orthodox)에서 보자면 유일무이한 권리로 이해되었다. 그러나 파라오만이 가지고 있던 제의에 대한 권리도 시간이 흐르면서 점점 숭배할 대상이 많아지자, 파라오 이외의 다른 사제들을 선정해 부분적으로 그 권리가 위임되기도 했었다.

고왕국의 멸망은 바로 이 성스런 왕권이 내부적으로 붕괴되면서 시작되었고, 그에 따라 엄청난 혼돈이 빚어졌다. 이 혼돈을 두고 기존의 질서를 계승하고자 노력을 기울인 인물인 이푸(Ipu)는 다음과 같은 글을 남겼다.

> 보라! 처참한 일이 벌어졌다. 그 옛날에는 도저히 엄두도 못낼 일이었다. 임금님께서 그 높디높은 보좌에서 추락하고 말았다. 보라, (신의 상징인) 매가 관(棺)에서 찢겨져 나갔다. 피라미드를 장식했던 부장품들이 없어졌다. 몇몇 무지한 자들이 왕의 땅을 유린해 버렸다.[2]

혼돈의 시대 중왕국이 지나고 신왕국이 들어서자 이집트의 신성한 왕권을 부활시키려는 움직임이 서서히 이루어졌다. 신왕국은 의도적으로 고왕국이 누렸던 신성 왕권과의 역사적인 지속성을 강조했다. 그러나 고왕국의 신성 왕권이 겪었던 정변(政變)이 워낙 대단했던 것이라, 오히려 고왕국과의 지속성을 강조하는 세력과 신왕국의 왕권 보호를 고집하던 수구세력 사이에 지속적인 긴장관계만 가중되었을 뿐이었다.

고대로부터의 문화유산으로 기억되는 피라미드는 흔히 독보적인 무덤 건축양식으로 알려지기는 하지만 실상을 보자면 죽은 자가 아니라 살아 있는 지배자를 내부에 모신, 사막 한가운데 위풍당당하게 늘어선 존재들이다. 이렇게 말할 수 있는 이유는 피라미드가 파라오뿐 아닌 고대 이집트의 모든 역사를 가늠할 수 있는 잣대 역할을 하기 때문이다. 다시 말해서, 우리

---

2. Alan H. Gardner, *The Admonitions of an Egyptian Sage* (Leipzig 1909) 53쪽 이하.

는 피라미드를 통해 고대 이집트인들의 죽음신앙과 거기서 파생되는 주제인 저승관을 읽어볼 수 있다는 뜻이다.

1881년에 이른바 고고학의 새 시대를 여는 분기점으로 알려진 "피라미드 문헌"(Pyramidentext)의 발굴이 시작되면서, 몇 천 년을 숨어 있던 고대 이집트 신성 왕권의 참모습을 엿볼 수 있게 되었다. 고왕국 5대 왕조의 마지막 왕인 우나스(Unas), 그리고 고왕국의 마지막 6대 왕조 왕들은 피라미드 분봉실과 복도 벽에다 글을 남기도록 하였다. 이 문헌들에는 천편일률적으로, 왕은 영생을 누리며 피라미드에 안장된 후에 다시 살아나 드디어 신들과 한몸을 이루게 된다는 내용이 씌어 있다. 이같은 고대 이집트의 부활사상은 왕의 장례식에서 제사장이 읽던 추도문에도 분명하게 밝혀져 있다. 추도문에서는 왕이 숨을 거둔 것이 아니라 마치 살아 있는 양 말을 건넨다.

> 당신은 죽어서 우리 곁을 떠난 것이 아니라 살아서 떠난 것이다. 이제 당신은 오시리스(Osiris)의 의자에 앉아 막강한 권위를 가지고 세상 사람들에게 호령한다.[3]

또 다른 추도문을 보면,

> 당신의 머리와 뼈는 꽁꽁 묶여져 여기에 누워 있다. 그러나 당신 앞에서 큰 빗장이 부서져 내리면서 하늘문이 열리게 될 것이다.[4]

고왕국의 "피라미드 문헌"이 보여주는 죽음 저편의 또 다른 삶에 대한 철저한 믿음은 고왕국의 신성 왕권이 무너진 후에도 빛을 잃지 않고 더욱 널리 퍼졌다. 그래서 중왕국 시대의 무덤 내부 벽에 써놓은, 이른바 "무덤 문

---

3. Guenther Roeder, *Urkunden zur Religion des alten Aegypten* (Jena 1915), 파피루스 134.
4. Hermann Kees, *Pyramidentexte* (=Handbuch der Orientalistik I,2) (Leiden 1952), 파피루스 572번 32쪽.

헌"(Sargetext) 그리고 신(新)왕국 시대에 파피루스 두루마리에 씌어져 죽은 이와 같이 무덤에 넣어졌던 『사자(死者)의 서(書)』(Totenbuch) 등에서 폭넓게 이 부활신앙을 읽어볼 수 있다. 이들 문헌들은 물론 "피라미드 문헌"의 후속편들이기는 하지만, 내용마저 그대로 반복된 것은 아니고, 오히려 더 광범위하게 당시의 죽음에 대한 이해를 보여주고 있다. 『사자의 서』는 외적인 육체 형태를 그대로 보존하려는 미이라, 분봉실 장만, 갖가지 부장품들(이집트어로 Uschebtis이고 "준비물"이란 뜻) 그리고 저승에서 왕에게 봉사를 담당할 자그마한 인물 군상들처럼 피라미드의 필수적인 내용물들 중의 하나이다. 그리고 이들 모두는 부족함 없이 피라미드 내에 채워져야 하고 저승으로 왕이 행차하는 데 마술적인 역할을 담당해 이승의 삶이 그대로 저승까지 연결되도록 돕는다.

죽은 이의 재판관은 원래 태양신인 레(Re)였다. 그러나 이미 고왕국 시대부터 신들의 구분이 이루어져 죽은 자의 재판은 결국 지하세계의 주인인 오시리스(Osiris)에게 맡겨졌다. 이집트인들은 죽은 후에 위대한 신 오시리스와 한몸이 되기를 희망했는데, 이는 신화에 나타난 신들의 운명을 좇아 자기들도 그에 흡사한 복을 누려보겠다는 생각에서였다. 이집트의 신들에 대해서는 앞에 열거한 문헌들에서 단편적으로 알 수 있기는 하지만 통일된 모습을 갖추어 신화로 집성된 것은 플루타르크(Plutarch)에 의해서이다.

이 신화를 보면 오시리스는 그와 사이가 나쁜 형제인 세트(Seth)에 의해 죽임을 당한다. 그러나 후에 여신이자 오시리스의 부인이기도 한 이시스(Isis)의 도움을 받아 새 생명을 얻게 된다. "무덤 문헌"에서는 오시리스가 새롭게 태어났다는 사실에 첨가해 이 일을 마치 곡식의 생장 과정처럼 묘사했다.

> 나는 산다. 나는 죽는다. 나는 오시리스다. 나는 너에게서 나왔고 또한 네 안으로 들어간다. 나는 네 안에서 살찌고 자란다. 네게 쓰러진다는 것은 곧 내가 내 안으로 쓰러진다는 뜻이다. 신들은 나를 통해서 살아난다. 나는 죽음을 헤치고 나오는 네프레(Nepre, 추수의 신)로 살아난다. 땅의 신 겝

(Geb)이 나를 보듬어 준다. 나는 삶이며 곧 죽음이다. 나는 매년 새롭게 죽은 땅을 뚫고 나오는 오시리스다. 나는 멸망치 않는다.[5]

고대 이집트인들의 죽음신앙이 비록 오시리스와 밀접하게 연결되어 있어 주로 그가 가지는 마술적인 요소들을 반영하기는 하나, 지하세계의 심판에 대한 설명에서는 윤리적인 요소도 발견할 수 있다. 『사자의 서』 겉표지 그림 장식에 보면 죽은 이의 심장이 반대쪽에 진리와 함께 저울에 달려진다(여기서 심장과 진리는 상징적으로 그려진다). 특히 인상적인 것은 죄에 대해 판단이 부정적으로 나왔을 때이다. 『사자의 서』 125장 서문에 보면, 오시리스 앞에 끌려온 죽은 이의 살아 생전 잘못들이 낱낱이 열거되는데, 인간들이 이런 잘못을 범한 것은 결코 오시리스의 잘못이 아니다(오시리스의 책임이 없는 잘못들이다). 여기서 우리는 간접적이나마 고대 이집트인들의 윤리적인 가치들을 가늠해 볼 수 있다.

> 나는 병을 만들거나 눈물을 만들지 않았다. 나는 죽음을 만들거나 혹은 죽도록 명령하지도, 아니면 인간이 고통을 당하게끔 만들지도 않았다. 나는 성전의 음식을 더럽히라거나, 신들에게 바쳐진 빵을 훔치라거나, 죽은 자들에게 바쳐진 빵을 건드리라고 시킨 적도 없다. …[6]

앞에서 서술한 대로, 피라미드는 단지 파라오의 역사뿐 아니라 고대 나일강 유역에 번성했던 종교의 역사도 실증적으로 보여준다.

고대 이집트의 파라오가 종교에 강한 영향을 끼친 경우로는 아케나톤을 들 수 있다. 아케나톤은 그 유명한 흉상의 주인공인 노프레티티(Nofretete)를 왕비로 두었고, 그의 후계자는 무능하고 허약했던 사위 투탄카멘

---

5. *Coffin Texts IV* 330쪽; 저자의 인용문은 *Altaegyptischer Prophetismus* (Wiesbaden 1960), 42쪽에서 따왔다.
6. Spiegel, *Die Idee vom Totengericht*, 57쪽.

(Tutanchamun)이었다.[7] 이들 두 왕은 이집트 종교 역사에서도, 이른바 "아마르나 시대"(Amarna-Periode)에 속하는데, 이 시대는 신왕국에 일시적으로 지속되었다.

기원전 1370년에서 1352년까지 이집트를 다스렸고, 죽은 뒤에는 "이단의 왕"으로 배척받았던 아케나톤은 오늘날까지도 이집트에서는 역사적으로 나쁜 평가를 받고 있다. 그에 대한 부정적인 평가의 원인들로는 우선 외교의 실패, 그리고 인류 역사상 거의 최초라고 할 수 있는 유일신에 대한 신봉을 꼽을 수 있다. 그는 먼저 수도 테베(Thebe)의 수호신인 아문(Amun)과 그에 대한 제사를 거부했고, 후에 이집트 전역의 이런저런 신들에 대한 막무가내식의 탄압이 뒤따랐다.

아케나톤이 한 일은 분명 고대 이집트 다신(多神)숭배(Polytheismus)를 근본에서부터 흔들어 놓는 처사였다. 당시 이집트에는 앞에 언급한 오시리스 외에도 수많은 신들이 있었다. 알려진 것으로는 아문의 아내인 여신 무트(Mut), 땅의 신인 겝(Geb), 하늘 여신 누트(Nut), 멤피스의 수호신 프타(Ptah), 신들의 기록을 맡은 토트(Thot), 소의 모습을 한 하토르(Hathor), 나일 강 원천의 신 히눔(Chnum), 풍년의 신 민(Min), 의사의 신 나이트(Neith), 죽음의 신 소카르(Sokar)와 아누비스(Anubis) 등이 있고 그외에도 알려지지 않은 많은 신들이 있었다. 만일 제사를 지내기 위해 이들을 각각의 성격에 따라 여러 갈래로 묶어본다고 하더라도, 아마 많은 수의 묶음들이 나올 것이다.

자기가 다스리던 땅에 널려 있던 수많은 신들에 대해 아케나돈은 딘 하나의 신으로 맞섰는데, 곧 태양의 신인 아톤(Aton)이었다. 아케나톤은 아메노피스 4세(Amenophis VI)라고도 불리는데, 이 명칭은 "아톤께서 만족하셨다"라는 뜻을 가지고 명칭에 걸맞게 아톤의 마음에 들 만한 것을 신조로 삼아 최선의 노력을 기울였다. 그가 다스린 지 6년 만에 기존의 수도

---

7. 투탄카멘의 금관 역시 잘 알려져 있다.

구약성서 시대의 근동 종교들 19

테베를 떠나 중앙 이집트에 아톤 신이 거할 수 있는 새로운 수도를 건설했고, "아톤의 지평선"(Achet-Aton)이라고 이름붙였다. 이 도시는 오늘날 아랍식으로는 Tell-el-Amara라고 불리는 곳이다.

왕이 불렀던 아톤 신에게 바치는 노래에 보면, 햇살 가득히 들어찬 신의 모습에 찬양을 아끼지 않았다. 몇 구절 보자면,

> 저 멀리 지평선이 환하게 밝아온다. 살아 있는 태양이여! 당신에게서 모든 생명은 시작된다. 당신은 동쪽에서 나타나 이윽고 온 세상을 환히 비추어 땅은 아름다움으로 잔뜩 빛나게 된다. 당신의 손길(햇살)은 당신이 창조한 땅 위의 모든 것들을 보이지 않는 먼 그곳에까지 모두 감싸안는다.[8]

당시의 찬양시에서 보여주는 이런 식의 종교적 탐미주의는 인간 생명의 부활을 창조적이면서도 풍성한 시각 언어로 담아낸 아마르나 미술(Amarna-Kunst)에서나 발견될 수 있다(아마르나 미술은 크레타 미술에서 영향을 받았다고 한다). 아톤 신은 스스로의 모습을 햇빛으로 드러내는데, 이 빛은 상형문자 중에 나비 매듭을 통해 상징적으로 표현된다. 나비 매듭은 바로 "삶"이라는 뜻을 가진다.

신왕국의 아마르나 시대는 전통적인 과거의 신들에게 다시 찬미를 보내고자 하는 반대세력에 의해 그 짧은 번영기를 마감했다. 아케나톤의 뒤를 이은 투탄카멘은 과거 신들의 부활에 대해,

> 기념물로 전락한 줄만 알았던 그 — 과거의 신들 — 가 다시 살아났다. 그는 모든 이집트에서 죄를 몰아낸다. 거짓은 물러가고 진리만이 살아남는다. 우리의 땅은 처음으로 돌아간다.[9]

---

8. Hermann Kees, *Aegypten*, Religionsgeschichtliches Lesebuch 2판, Alfred Bertholet 편, 제10권, (Tübingen 1928) 6쪽.
9. H. Kees, 위의 책, 8쪽.

신왕국이 막을 내린 기원전 1085년부터 나일 강 유역의 땅을 알렉산더 대왕이 정복해 이집트가 헬라 문화권으로 편입되는 기원전 332년까지를 보통 "후기"라고 부른다. 이 시대의 종교사적인 특징으로는 이전의 광신적인 신앙과 견주어 다분히 내면적인 신앙이 자리잡게 되었다는 점이다. 이때의 이상적인 인간형은 "침묵하는 사람"이었다.

다른 한편으로는 대중적인 종교로서 "동물숭배"(Zoolatrie)가 뿌리를 내린 시대이기도 했다. 이 종교에서는 단지 한두 가지 동물이 아니라 모든 동물들을 신성한 존재로 받들었다. 그러나 이 종교는 왕과 다른 고대 문장가들의 미움을 사, 수많은 동물 기념비가 파괴되었고 동물의 무덤들이 파헤쳐졌다. 페르샤의 캄비스(Kambyss) 대왕은 멤피스에서 신성한 아피스[10]를 죽이기까지 했다.

참고문헌: C. J. Bleeker, *De Beteekenis van de Egyptische Godin Ma-a-t* (Leiden 1929); Hans Bonnet, *Reallexikon der ägyptischen Religionsgeschichte* (Berlin 1971); Adolf Erman, *Die Literatur des Ägypter* (Leipzig 1923); 같은 이, *Die Religion der Ägypter* (Berlin 1968); Henri Frankfort, *Ancient Egyptian Religion, an Interpretation* (New York 1948); Theodor Hopfner, *Plutarch über Isis und Orisis* (Prag 1940/1941); Herman Junker, *Pyramidenzeit. Das Wesen der altägyptischen Religion* (Einsiedeln 1949); Hermann Kees, *Der Götterglaube im alten Ägypten* (Berlin 1979); G. van der Leeuw, *Achnaton, een religieuse en aesthetische revolutie in de veertiende eeuw voor Christus* (Amsterdam 1927); Samuel A. B. Mercer, *The Pyramid Texts in Translation and Commentary* (New York 1952); Jean Sainte Fare Garnot, *La vie religieuse dans l'ancienne Egypt* (Paris 1948); Heinrich Schäfer, *Amarna in Religion und Kunst* (Leipzig 1931); Joachim Spiegel, *Die Idee vom Totengericht in der ägyptischen Religion* (Glückstadt/Hamburg 1935); 같은 이, *Das Werden der altägyptischen Hochkultur* (Heidelberg 1953); 같은 이, *Das Auferstehungsritual der Unas-Pyramide* (Wiesbaden 1971); Jaques Vandier, *La religion egyptienne* (Paris 1949); Arthur Weigall, *Echnaton, König von Ägypten und seine Zeit* (Basel 1923); J. Zandee, *Death as an Enemy according to Ancient Egyptian Conceptions* (Leiden 1960).

---

10. Apis: 고대 이집트 사람들이 숭배하던 성우(聖牛).

2. 메소포타미아 종교

고대 유프라테스·티그리스 강 삼각주에서 생성했던 메소포타미아 종교세계를 보여주는 가장 좋은 통로는 오늘날에도 단연 『길가메쉬 서사시』(Gil-gamesch Epos)를 꼽게 된다. 세계 서사시 문학의 위대한 유산으로 일컬어지는 『길가메쉬 서사시』는 기원전 2600년경, 우룩(Uruk)이라는 도시를 다스렸고 우룩을 둘러싼 엄청난 담을 지은 이로도 알려진 길가메쉬라는 인물을 그리고 있다. 그는 강한 힘을 가진 전제군주였다. 그래서 자신과 필적할 만한 적이자 후에 절친한 친구가 되기도 한 엔키두(Enkidu)를 신들이 그에게 보내고, 길가메쉬는 엔키두와 더불어 일련의 위험한 모험을 시작한다. 그러나 엔키두는 곧 병들어 죽고, 길가메쉬에게는 죽음의 공포가 찾아든다. 이제 길가메쉬는 자신이 다스리던 도시를 떠나 영생을 찾는 여행길에 나선다.

여행의 목적지는 세상 끝이었고, 거기에는 그의 조상 중에 하나인 우트나피쉬팀(Utnapischtim)이 살고 있었다. 우트나피쉬팀이라는 인물은 메소포타미아의 노아(Noah) 격으로, 대홍수 때 방주 안에서 살아남아 신들로부터 영생을 나누어 받았다. 길가메쉬는 그에게서 영생을 얻는 비결을 알고자 한다.

험난한 여행 끝에 길가메쉬는 마침내 바닷가에 도착한다. 이때 어떤 뱃사공이 등장해 "죽음의 바다"를 건너 그를 우트나피쉬팀이 사는 섬으로 데려다 준다. 우트나피쉬팀은 길가메쉬에게 바닷속 깊은 곳에서 자라는 생명의 풀에 대한 비밀을 가르쳐 주는데, 이 풀을 먹으면 새로운 젊음을 얻게 된다. 돌아오는 길에 길가메쉬가 천신만고 끝에 이 풀을 깊은 바다에서 건져내기는 했으나, 간교한 뱀 한 마리가 나타나 풀을 훔쳐가고 영원한 생명은 결국 뱀의 몫이 되고 만다. 수포가 된 여행길에서 길가메쉬는 슬픔을 가슴에 가득 안고 우룩으로 돌아오는데, 그곳에는 누구도 피할 수 없는 죽음이라는 운명이 그를 기다리고 있었다.

길가메쉬가 맞닥뜨려야 했던 죽음의 운명은 우룩으로 돌아오다 어느 술집에 들렀을 때, 술집 작부의 노래를 통해 이미 예견된다. 절망에 빠진 그에게 작부는 고대 메소포타미아의 쾌락적인 현실주의를 노래한다.

> 오, 길가메쉬여, 도대체 어디를 가려고 하는가?
> 당신이 찾는 영생이란 결국 아무데도 없는 것이오.
> 신들이 우리를 만들지 않았는가?
> 신들이 우리에게 인간됨의 하나로 죽음을 주지 않았는가?
> 신들을 위해 당신의 인생을 있는 그대로 받아들이시오.
> 당신의 주린 배를 느껴보시오.
> 밤낮을 즐기고 매일매일 즐거운 축제를 여시오.
> 춤과 놀이를 만끽하시오.
> 옷을 멋지게 걸치고 시원히 목욕도 하시오.
> 당신의 손을 잡고 매달리는 자식들을 보고,
> 당신 가슴에 안기는 아내를 즐겁게 해주시오.
> 이런 일들이 모두 우리의 즐거움이지 않소.

신화 속에 나오는 인간의 선조인 아다파(Adapa)와 에타나(Etana)가 그랬던 것처럼, 영생을 찾는 인간의 부질없는 수고는 바빌론 종교에서 인간 존재를 설명하는 가장 보편적인 척도이다. 영생이란 단지 신들만이 누리는 것이다. 영생을 누리는 신들과는 반대로, 바빌론의 죽음관에 따르자면, 인간이란 결국 죽어야 할 슬픈 존재로 죽음 뒤에는 황량한 어둠의 나라가 기다리고 있다. 이곳은 바로 "큰 나라의 여왕"으로도 불리는 여신 에레쉬키갈(Ereschkigal)이 다스리는 지하세계이다. 따라서 고대 바빌론인들의 행동양식은, 그 시각이 주로 과거나 미래가 아닌 현재에 맞추어져 있었다. 이들의 현실 중심적인 가치관은 인간에게 고통을 주며, 공포의 대상이 되는 악마의 숫자가 현저하게 많았다든가, 날씨 및 제물로 바쳐진 짐승의 간, 별의 위치 등을 보아 인간의 운명을 점친다든가 하는 일이 고대 바빌론 세계에 널리 퍼졌었다는 사실을 보아 짐작할 수 있다.

바빌론에서 믿음의 깊고 낮음을 재는 가늠자는 기도였는데, 기도라기보다는 오히려 맹세에 가까운 것이었다. 또한 질병 및 궁핍함, 혹은 갖가지 속된 것 등으로 대변되는 악마의 공격은 제의가 가지는 마력으로 방어할 수 있었다. 그외에도 죽은 자의 망령에 대한 공포도 당시에 널리 퍼져 있었다.

염세적인 저승관을 담고 있는 『길가메쉬 서사시』는 열두 개의 점토판에 바빌론 언어와 쐐기문자로 전해지는데, 이는 일명 "12판 서사시"라고도 불리고, 기원전 650년경에 사본으로 집성되어 니니베(Ninive)의 유명한 아슈르바니팔(Assurbarnipal) 왕의 도서관에서 발견되었다. 이 도서관에서는 "12판 서사시" 외에도 수메르(Sumer)어로 씌어진 많은 단편들이 나왔는데, 이를 통해 수메르 시대에 널리 유행했던 고대 서사문학의 전통을 읽어볼 수 있다.

메소포타미아의 동쪽에서 흘러들어온 신비한 민족 수메르인들은 자신들만의 고유언어를 가지고 있었다. 그들은 메소포타미아의 남부 지역인 유프라테스·티그리스 강 하류, 페르샤만 근처에 도시를 건설했는데, 여기에서 기원전 약 3000년경부터 양대 강 삼각주의 고급 문명이 꽃피었다. 그에 반해 셈(Sam)족은 메소포타미아 북서쪽에 우선 자리잡았고, 기원전 2000년경부터는 점차적으로 전체적인 패권을 차지하게 되었다. 그러나 셈족은 수메르인들의 문화유산만은 계속 존중해 주었다. 그럼에도 불구하고, 수메르와 셈 사이의 종교적인 관계가 처음부터 순탄했던 것은 아니었다. 이들 사이에 구별이 없어지는 데는 수백 년이 필요했고, 몇몇 분야에서는 결국 차이를 극복할 수 없었다.

셈족은 수메르를 정복한 직후부터 수메르 신들의 존재를 받아들이기는 했지만 2,500개가 훨씬 넘는 엄청난 수의 신들을 모두 인정할 수는 없었다. 따라서 그 숫자를 분명하게 줄여나갔고, 결국 여섯 신을 셋씩 묶어 두 갈래로 나누었다.

우주적인 관점에서 묶여진 세 신은 신전에서도 가장 높은 곳에 모셔졌다. 아누(Anu, 수메르인들의 An)는 그 이름대로 하늘의 신이고, 엘릴(Ellil, 수메르인들의 Enlil)은 대기의 주인으로 강과 땅을 다스린다. 수메르인들의 엔키(Enki)에 해당하는 바빌론의 신은 에아(Ea)이고, 그는 땅을 뒤흔드는 홍수를 다스리며 또한 진리와 맹세의 신으로 인간과 매우 친근한 존재였다.

우주적인 세 신 외에도 천체 역시 공경의 대상이었다. 모든 별들의 우두머리는 달의 신인 신(Sin, 수메르인들의 Nanna), 그의 아들인 태양의 신 샤마쉬(Schamasch, 수메르인들의 Utu) 등이 있었는데, 특히 샤마쉬는 권리의 수호신으로, 또한 모든 세계질서의 지배자로 추앙을 받았다. 수메르인들이 셈족의 지배를 받게 되면서 새시대의 표상으로 간주된 것은 유명한 "이쉬타르(Ischtar) 문(門)"인데, 이 문은 바빌론에서 시가행진이 벌어질 때 항상 제일 앞에 자리잡곤 하였다. 이쉬타르는 거대한 천체의 세 신 중 하나로, 밤과 낮 그리고 모든 별들의 여신이다. 그녀는 수메르인들의 하늘 여신 이난나(Inanna)의 본질인 사랑을 그 특성으로 이어받았다. 즉, 이쉬타르는 사랑의 여신이다.

"이쉬타르의 지옥행"은 바빌론에서도 널리 알려진 신화로 이 여신의 정체를 규명하는 데 결정적 단서를 제공한다. "이쉬타르의 지옥행"은 수메르어와 바빌론어로 기록되어 전해오는데, 각각 담고 있는 내용이 부분적으로 다르기는 해도 이 기록들이 공통적으로 다루고 있는 점은, 이쉬타르가 에레쉬키갈(Ereschkigal)의 지하세계로 떨어지는 것이 그녀에게는 숙명이었다는 사실이다. 그녀는 죽음이라는 고통을 감수하면서, 지하세계에 머무르게 된다. 후에 그녀는 다시 지상의 세계로 나오는데, 이는 그녀의 옛 애인

두무지(Dumuzi, 혹은 Tammuz)를 교묘하게 속여 넘김으로써 가능했다.

기원전 1700년경에 메소포타미아를 통일한 바빌론의 함무라비 왕은 「함무라비 법전」을 편찬한 것으로 유명하다. 그러나 그는 비단 법의 편찬자로서뿐 아니라 종교를 개혁한 인물이기도 했는데, 함무라비는 바빌론 시의 수호신인 마르둑(Marduk)을 모든 신들의 우두머리로 받들었다. 마르둑이 세계의 지배자라는 문헌적인 근거로는 바빌론의 『천지창조 서사시』를 꼽을 수 있다. 이 서사시는 과거와 현재 그리고 미래를 잇는 셈족의 폭넓은 전통의식에 걸맞은 것이며, 그 처음은 "에무나 엘리쉬"(Emuna elisch), 즉 "위로"라는 어휘로 시작된다.

> 위로는 하늘도 아직 안 알려지고, 아래로는 땅이란 이름도 채 붙여지지 않았을 때였다.

이같은 창조 이전 혼돈의 상태에서 마르둑은 신들의 회의를 열어 혼돈의 신인 티아마트(Tiamat)를 (찢어) 죽이고, 그 찢겨진 거대한 몸을 가지고 가시적인 세계를 창조했다. 또한 과거 신권의 강탈자인 킹구(Kingu)를 처단하고 그의 피를 받아 흙과 반죽해서 인간을 만들어 냈다. 이 모든 창조의 작업이 끝나자 마르둑은 자신이 이룩해 놓은 세계에 현재와 같은 질서를 부여했고, 다른 신들과 더불어 잔치를 벌인다. 여기서 그는 각각의 신들에게 50개의 새로운 이름을 수여하고, 과거의 수많았던 신들을 통합했다. 바빌론의 천지창조 신화가 지니는 통합적인 신학은 바로 마르둑의 승격을 의미했고, 상대적으로 수메르 성전에 있던 수많은 신들(2,500)이 대폭 줄어드는 결과를 낳았다.

메소포타미아가 아시리아에 정복당하자 아시리아인들은 그들의 국가신이며 또한 수도의 수호신이기도 했던 전쟁신 아수르(Assur)를 마르둑의 위치에 올려놓으려고 노력했다. 그리고 이렇게 지위가 격하된 마르둑을, 아수르는 전쟁신답게 사냥의 신인 니누트라(구약성서에는 Nimrod로 나옴)에게 넘겨주었다. 이로써 아시리아 종교에 바빌론 종교의 전통이 유입되기에 이르렀다.

바빌론에는 매년 봄 12일간 열리는 신년 축제 때 불리어지는 일곱 개의 천지창조 노래가 있었다. 이 축제는 연중행사 중 가장 큰 것으로, 원래 수메르인들의 풍습이었는데 점차 메소포타미아의 각 도시로 확산되었다. 신년 축제 때는 제사장에게 우선 과제가 주어지는데, 축제 기간중 여제사장과 결혼식을 올리는 일이었다. 이는 풍년을 비는 의미를 담고 있으며, 겨우내 죽었던 땅이 다시 태어나 풍요해지기를 바란다는 생각에서였다. 수메르인들에게서 시작된 이 신성한 혼인제의는, 「함무라비 법전」에 생생히 기록된 바와같이, 대성전의 가장 높은 계단에서 거행되었다. 셈족에서는 이 의식을 지구라트(Zikkurad)라고 불렀다. 구약성서적인 설명을 보자면 대성전 높은 계단은 바벨탑에 해당한다.

신년 축제와 같은 고대 메소포타미아의 국가적인 종교행사는 신바빌론 왕국의 마지막 왕인 나보니드(Nabonid)에 의해 중단되었다. 나보니드는 달의 신인 신(Sin)을 모든 신들의 우두머리에 올려놓고 섬겼으며, 그로 인해 위세를 떨치던 마르둑계의 사제들과 내부적으로 극심한 갈등을 겪게 된다. 이 갈등이 원인이 되어 기원전 539년에 아케메니드 왕 커로수(Achaemenide Kyros)가 바빌론을 한 방울의 피도 흘리지 않은 채 정복했고, 이어서 메소포타미아는 페르샤 제국으로 편입되었다.

비록 메소포타미아라는 땅은 남의 손에 넘어갔지만, 바빌론의 문화마저 같은 운명을 겪은 것은 아니었다. 바빌론의 영향은 각종 점술이나 악령에 대한 믿음 속에서 쉽게 찾아볼 수 있다.

20세기의 개막과 더불어 아시리아에 대한 연구가 활기를 띠기 시작했는데, 수메르-바빌론의 종교가 가졌던 세계관이 그 후속 종교와 문화들 전반에 걸쳐 강력한 영향을 끼쳤음이 이 연구를 통해 드러나게 되었다. 이처럼 바빌론이 맡았던 각종 문화와 종교의 교량 역할을 두고 1902년에 델리쉬 (F. Delisch)는 『바벨과 성서』(*Babel and Bible*)에서 범바빌론주의(Panbabylonismus)라고 이름붙였다. 바벨과 바이블(Bible)의 대립관계를 설명한 이 분야에 대한 연구는 현재도 활발히 진행되고 있다.

참고문헌: Friedrich Delitzsch, *Das Land ohne Heimkehr* (Stuttgart 1911); Wilhelm Eilers, *Die Gesetzesstele Chammurabis* (Leipzig 1932); Adam Falkenstein/Wolfram von Soden, *Summerische und akkadische Hymnen und Gebete* (Zürich/Stuttgart 1953); Giuseppe Furlari, *Il poema della creazione* (Bologna 1934); Samuel Noah Kramer, *Sumerian Mythology* (Philadelphia 1944); Rene Labat, *Le poeme babylonien de la creation* (Paris 1935); Anton Moortgat, *Tammuz* (Berlin 1949); Raffaele Pittazzoni, *Der babylonische Ritus des Akitu und das Gedicht der Weltschöpfung* in: Eranos-Jahrbuch 19 (1950) 403-30쪽; Hartmut Schmökel, *Das Land Sumer* (Stuttgart 1955); 같은 이, *Ur, Assur, Babylon* (München 1958); 같은 이, *Das Gilgamesch-Epos* (Stuttgart 1980); Albert Schott/Wolfram von Soden, *Das Gilgamesch-Epos* (Stuttgart 1958); Knut Leonard Tallquist, *Der assyrische Gott* (Helsinki 1932); Geo Widengren, *The Accadian and Hebrew Psalms of Lamentation as Religious Documents* (Uppsala 1936); Heinlich Zimmern, *Das babylonische Neujahrsfest* (Leipzig 1926).

3. 이란 종교

철학자 니체(F. Nietzsche)는 1892년에 그의 사상을 종합한 최초의 저서인 『짜라투스트라는 이렇게 말했다』(Also Sprach Zarathustra)를 다가올 신세대를 염두에 두고 출판하였다. 여기 제목에 쓰인 짜라투스트라라는 인물은 위대한 이란인으로 광범위하게 이란 사상을 대변하는 존재이다. 그러나 니체의 책을 실제로 들추어 보면 그의 가르침이 구체적으로 드러나 있지는 않고, 단지 짜라투스트라 종교의 신성한 문서 모음집인 『아베스타』(Avesta)의 구성 형식만 따랐을 뿐이다. 그런가 하면 모차르트의 가극 「마적」에 나오는 자라스트로(Sarastro)라는 마술사의 이름도 짜라투스트라와 언어적인 유사성을 가지고 있다.

짜라투스트라라는 이름의 정확한 발음은 『아베스타』에 나와 있는데, 고대 이란어로 "차라투쉬트라"(Zarathushtra)이다. 번역하자면 "황금색 낙타를 가진 남자"라는 뜻이 된다. 이 발음의 그리스어 음역을 영어에서 받아들여 영어의 조로아스터(Zoroaster)가 되었다. 그리고 Zoro-aster라는 2음절 중 후자의 것을 택해 그리스어로 아스테르($ἀστήρ$), 즉 "별"이라는 낱말이 만들어졌다.

시대를 거슬러보면 이란의 수많은 환상가들이 짜라투스트라에 대해 알려고 노력했으며, 또한 그를 모방하려는 시도 역시 계속 이루어졌다. 오늘날에도 이란에 가면 이런 사람들을 어렵지 않게 만날 수 있다. 그러나 이들에게서 얻어들을 수 있는 짜라투스트라에 대한 설명은 워낙 충분치 못한 것이라, 그는 여전히 신비에 싸인 인물이라고 말할 수 있겠다.

흔히 알려진 바에 따르면 짜라투스트라는 오랜 옛적에 살았던 사람으로 바벨탑 건설에 관여했다고 하며, 또는 그가 아시리아 왕들 중 하나였다고 말하는 이도 있다. 그런가 하면, 신을 모시는 제사를 이 세상에서 처음 시작한 사람이 바로 짜라투스트라였다는 주장이 있다. 고대 페르샤 문헌에 보면 그리스의 모든 지혜는 『아베스타』에서 배워간 것에 불과하다고 씌어 있다. 심지어는 키케로(Cicero)가 짜라투스트라 종교의 열렬한 숭배자였던 페르샤 왕 크세륵세스(Xerxes)의 영향을 받아 자신 역시 이 종교를 알리는 데 최선을 다했으며, 그리스인들이 열심을 다해 섬기던 다신교도 짜라투스트라 종교에서 유래된 것에 불과하다는 이야기도 들을 수 있다.

짜라투스트라의 생애와 그의 가르침을 모은 『아베스타』 경전이 유럽에 처음 소개된 것은 프랑스 사람인 안께틀 듀페론(Anquetil Duperron)이 1771년에 이 책을 번역하면서였다. 그러나 듀페론의 번역은 매우 불안해 곳곳에서 원문의 근본사상을 파괴했고, 분명하지 못하게 번역된 부분도 상당수 발견된다. 이는 『아베스타』 원본 자체의 보관상태도 좋지 않았는 데다 지구상에 한번만 존재했다가 사라진 아베스타 언어를 어원학적으로 해석하는 어려움도 매우 컸던 까닭이었을 것이다.

짜라투스트라에 대해서 비교적 확실하게 알 수 있는 문헌은 『아베스타』 경전의 소제목들 가운데 하나인 야스나(Yasna) 부분에 있는 "가타"(Gathas, 頌歌)이다. 이는 오늘날의 종교적인 "찬송가"나 "설교집"에 비견되는 개념으로, 짜라투스트라가 살았던 당시와 그가 다스리던 지역에 어떤 영향을 끼쳤는가에 대해 간접적인 정보만 줄 뿐이다. 또한 기원전 10세기에서 6세기 사이에 이란 지역에 살았던 예언자들의 말 역시 짜라투스트라에 대해 증언해 주고 있다(오늘날에는 후자의 정보에 더 큰 신빙성이 있다고 간주된다).

앞의 자료들에 기초하여, 짜라투스트라가 살았던 시기를 추정해 보면, 대략 페르샤 세계 제국을 건설하는 데 초석을 놓았던 아케메니드(Achaemenid) 왕과 동시대로 볼 수 있다. 그리고 "가타"에 보면 그가 영향을 미쳤던 지역은, 지금의 이란 동쪽 어디엔가 있었을 가능성이 높다. 이 지역이 가지고 있던 지리학적인 환경은 초원·산악 지대였고, 경제적인 조건을 보자면 그곳에 살았던 유목민들과 깊은 관계를 맺고 있었으며, 가타어, 즉 아베스타어(Avestische) 역시 이란 동쪽을 가리키고 있기 때문이다(가타어란 『베다』 인도어와 친척뻘쯤 되는 말이다).

짜라투스트라가 이란 동부에서 활동했던 것은 거기가 그에게는 도피의 땅이었기 때문인 것으로 보인다. 야스나 51장 12절에 보면,

> 사악한 영주인 베프야(Vaepya)는 짜라투스트라를 해가 비치는 곳에서 겨울의 문 저편으로 내쫓았다. 그곳 겨울나라는 추위가 가득한 곳이었다.

앞에서 거론한 자료에 따라 짜라투스트라가 살았던 인생을 재구성해 보자. 그는 우선 널리 알려진 귀족 가문인 스피타마(Spitama) 가에 속하고, 아버지는 포루샤스파(Pouruschaspa), 어머니는 두그드포바(Dughdhova)였다. 또 다른 귀족 가문인 프라샤오스트라(Frashaoshtra) 가(家)의 딸을 아내로 맞아 이사트바스트라(Isatvastra)라는 아들과 포루치스타(Pourutschista)라는 딸을 낳았고, 딸과 결혼한 인물은 자료에 따르면 야마스파(Jamaspa)라고 불린 사람이었다. 짜라투스트라는 사막의 보호자로서 비쉬타스파(Vishtaspa)라는 이름을 얻게 되고, 이는 곧 "제사의 주인"을 뜻하는 카비(Kavi)라는 호칭과 일맥상통하는 것이다.

이와같이 훌륭한 가문과 명예로운 호칭에도 불구하고 짜라투스트라는 한 명의 예언자로서 외로움과 인간적인 고뇌를 경험한다. 야스나 46장에 보면 이런 예언자의 고통을 표현하는 전형적인 단어인 "크리센카타"(Krisengatha)로 시작된다.

> 어느 땅으로 도망을 쳐야 하는가. 가족과 고향을 버리고 대체 나는 어디로 가야만 하나. 이 땅의 사람들은 모두 나에게 괴로움만 주고 악한 영주는 아직도 이 땅에 살아 있는데!

짜라투스트라는 사제직 중의 하나인 자오타(Zaotar)로 교육을 받았고, 이는 신성한 찬송가에 나오는 시나 인용문들을 익히고 전달할 책임이 주어진 직책이었다. 그의 가르침을 모아놓은 "가타"에 보면 수려한 문장들이 눈에 띄는데, 이는 아마 그의 자오타 교육 과정에 기인할 것이다.

사제로서 그가 맡았던 제사는 밤에 열리는 "불의 제사"였을 가능성이 높은데, 이를 통해 "지혜로운 주"인 아후라 마즈다(Ahura Mazda)를 자신의 신으로 삼아 그의 대리 선포자 역할을 해냈다. 짜라투스트라는 아후라 마즈다 신을 세계의 창조자, 하늘과 땅의 주인으로 찬양했고, 그와 반대로 이전에 그의 고향에서 번성했던 다신숭배적 신들을 철저히 배격하였다. 과거의 신들에 대해 짜라투스트라는 악마의 세력이라고 적대시했으며, 인도-이란어(indoiranische)로 "신"(神)에 해당하는 명칭(아베스타어로 데바 daeva)을 모두 악령이나 악마 등 정반대의 뜻으로 사용했다.

그럼에도 불구하고, 짜라투스트라의 신 개념 설정은 절대적이고 배타적인 힘을 가진 강한 유일신 종교로 발전하지는 못했다. 짜라투스트라는 "죽지 않는 거룩한 분"인 아메샤 스펜타(Amesha Spenta)에 대해서도 한때 언급했는데, 그는 아후라 마즈다의 존재와 활동방식을 특징으로 나누어 받았으며, 후에는 종교적으로 세분화되어 천사장의 위치에 오른다. 다시 말해서 아후라 마즈다 외에 또 다른 신을 인정한 셈이 된다.

또한 아후라 마즈다는 선의 신이므로 필연적으로 세상에서 활개치는 모든 나쁜 법칙이나 악과 철저히 반대 입장에 서는데, 구체적으로 이는 모든 악을 형상화시킨 존재인 앙그라 마이뉴(Angra Mainyu: 악령)와 대립한다. 마즈다와 마이뉴의 대립관계는 야스나 45장 2절에 극명하게 표현되어 있다.

> 나는 여기서 모든 인생의 첫 단계부터 시작되는 두 신에 대해 이야기하겠다. 사실 그들에게서 모든 신성함과 악함이 비롯된다. 보라, 사람이 가지는 두 가지 상반된 생각(聖과 惡)은 결코 일치할 수 없으며 지식이나 행동 혹은 영혼에 이르기까지 철저하게 분리되어 두 신의 지배를 받는다.

이제까지 지구상의 어떤 종교에서도 대립적인 이원론(Dualismus)이 짜라투스트라 종교에서처럼 한치의 타협점도 허락하지 않을 정도로 강하게 언급된 적은 없었다. 여기서 얻어지는 윤리적인 결과란 자명하며, 짜라투스트라는 생각과 말과 행동 등 인간의 모든 속성 깊숙히 관여했다. 그가 제시하는 "올바른 선택"이란 하나의 윤리적인 과제로, 끊임없이 변화하는 세상만사에서 항상 새롭게 정의되는 성질의 것은 아니다. 오히려 "올바른 선택"이란 일회적이면서도 규범적인 결단이며 궁극적으로 예언자적인 선포에 속한다.

이에 따르는 구체적인 행동지침들도 물론 있었지만, 단지 당시의 한정된 시간대 내에서만 지켜야 할 사항이었다. 예를 들어 짜라투스트라가 소를 귀하게 여겼다고 치면, 보통은 그로 인해 짜라투스트라가 자신이 속한 사회의 구성원 중에서 소치는 이들을 보호하는 입장에 서 있었다고 생각하기 쉽다. 하나 이는 분명히 빗나간 추측이다. 소를 보호하자는 짜라투스트라의 요구는 오히려 약간 과장이 섞인 종교적인 간구에서 기원한다. 그는 당시에 열광적으로 벌어지는 "밤의 제의"에서 통례적으로 소를 죽이는 일에 대해 원칙적으로 반대했다. 그 이유는 제의가 진행되는 중 소를 죽이는 행위는 고대 이란의 다신적 종교 전통의 구성물이었기 때문이다(앞에서 밝혔듯이 짜라투스트라는 다신적 종교 전통을 거부했다).

"밤의 제의"에서 동물을 희생시키는 행위 외에 또 하나의 중요한 역할을 하던 것은 제의 참가자들이 이른바 호마(Haoma, 일종의 술, 과일즙)를 마시고 만취상태에 빠지는 행동이었다. 어떤 종류의 열매를 취해 술을 담갔는지는 불확실하고, 단지 엘부르즈(Elburz) 산에서 나는 식물에서 술을 얻었다고만 전해질 뿐이다. 호마에 대해서도 예언자 짜라투스트라는 강한 불만을 표하는데, 그는 자기의 신인 아후라 마즈다에게 이 일에 대해 물어본다.

    도대체 당신께서 언제 이런 유의 오물들(만취함)을 용납하셨나이까?(야스나 48,10).

짜라투스트라의 가르침에 보면, 철저한 신앙인들을 일컫는 낱말로 크샤트라(Chshathra, 부자)라는 개념이 자주 등장하는데, 이들에게는 믿는 이가 통치하는 이상적인 나라에서의 풍부한 삶이 약속된다. 이는 단순히 종말적인 의미의 이상적인 나라가 아니라, 예언자의 종교적 이상을 통해 이미 실현된 나라를 뜻한다. 오늘날까지도 짜라투스트라의 추종자들에게서는 같은 생각을 발견할 수 있으며, 이들의 종교에서는 장래에 다가올 구원을 바라는 세계부정적인 요소보다는 우선 매일매일의 세상살이에서 희락을 추구한다.

그렇다고 짜라투스트라 종교에 종말론적인 시각이 전혀 없었던 것은 아니다. 오히려 그의 예언자적인 선포를 음미해 보면 선포의 결과로서 분명히 종말(Eschaton)을 암시하고 있다. 종말이란 악령인 앙그라 마이뉴를 "거짓 친구" 삼아 그의 노예로 전락해 버린 인간과 아후라 마즈다와의 궁극적인 분리를 뜻한다. 이 종말론의 근저에는 하나의 직선적이며 목적론적인 역사관이 존재하는데, 아마 모든 이란의 예언자들에게서 공통적으로 읽을 수 있는 사고방식일 것이다. 그러나 짜라투스트라의 종말론이 과연 유대교, 그리스도교 및 이슬람교의 역사관에 어떤 식으로 영향을 끼쳤는가에 대해서는 오늘날까지도 학문적으로 불분명한 형편이다(그리스도교와 유대교 역시 직선적이며 목적론적인 역사관을 가지고 있다).

"가타"에서 우리가 읽을 수 있는 종말론은 직선적이고 목적론적이라는 고유의 특징을 그대로 지닌 채, 후에 정식으로 짜라투스트라 종교의 신학이 된다. 가타의 종말론과 신학화된 종말론의 차이점이라고 한다면, 개인적 종말론과 우주적인 종말론의 분리라 할 수 있겠다.

개인의 종말은 이른바 "심판자의 다리"와 밀접히 연결되어 있다. 인간이 죽은 후에 그의 영혼은 반드시 이 다리를 건너야 하는데 매우 가파르고 좁아서 마치 칼날과 같다. 물론 경건한 자는 아무 어려움 없이 이 다리를 건너 낙원에 들어갈 수 있지만 불신자는 다리에서 떨어져 그 밑의 심연으로 가라앉고 만다.

그에 반해 우주적인 종말은 신의 명령에 따라 진행된다. 세상 끝날에 경건한 자의 영혼은 창연히 흐르는 뜨거운 쇳물을 사이에 두고 불신자들의 영혼과 분리된다. 우주의 마지막 날 웅장한 드라마가 펼쳐지는데, 운석들이 추락하고 그로 인해 땅이 뜨거워져 모든 산에 묻혀 있던 금속들이 녹아내리고, 이것이 거대한 강을 만든다. 다행히 신성한 이들에게는 아무 일도 없지만 불신자들은 이로 인해 깨끗이 사라지게 된다. 이 사건이 지나고 나면 땅은 원래의 모습으로 돌아간다. 우주적 종말을 뜻하는 낱말은 프라쇼케레티(Frashokereti)인데, "천지개벽" 정도로 번역할 수 있다.

짜라투스트라가 주창했던 종교를 오늘날에는 파르시교(Parisismus)라고 일컬으며, 페르샤 땅이 이 종교가 태동한 곳이라는 사실에 연유한다. 짜라투스트라 종교와 그 공동체는 결국 국가중심적인 색채를 벗어나지 못했고, 이 종교의 영성, 혹은 윤리적인 가르침 등도 세계종교로 인정받기에는 부족함이 없지 않아 있다.

페르샤 제국의 첫 왕이었던 아케메니드(Achaemenid)가 짜라투스트라 종교의 신봉자였는지는 밝혀지지 않았지만, 그래도 확실히 지적할 수 있는 것은, 페르샤 제국의 지배언어를 통해 짜라투스트라가 받들었던 신이 합법적으로 받아들여졌다는 사실이다. 고대 페르샤 쐐기문자에 보면 "아후라 마즈다"라는 문자를 분명히 발견할 수 있다. 파르시교는 사산조 페르샤 시대(226~642)에 국가종교가 되었다. 그러나 막강한 아라비아 군대에 의해 사산조 페르샤는 멸망의 길을 걸어야 했고, 파르시교는 엄청나게 밀려들어 오는 이슬람 종교의 거센 물결에 크게 위축되기에 이른다. 결국 파르시교의 추종자들은 봄베이(Bombay) 지역으로 옮겼으며, 현재도 그곳에는 약 10만 명 정도의 페르샤인들이 살고 있다. 이들은 영적으로 높은 경지에 다다른 사람들로 외부세계에 알려져 있으며 자신들만의 공동체를 유지해 고립된 생활을 한다. 주로 학교나 병원 등에서 일을 하는데 아주 적극적으로 자신들의 종교적인 정열을 쏟아넣는다고 한다.

인도(봄베이)라는 주위 환경에서 파르시교의 눈에 띄는 표시는 "침묵의 탑"(다흐마스: Dachmas)이다. 페르샤인들이 집중적으로 살고 있는 3개 구(區)에 각각 탑들이 있는데, 죽은 이의 장례 화장 장소로 이용된다. 그러나 이란 땅에서는 파르시교의 흔적이 남아 있는 화장 전통을 이란의 마지막 왕조 창시자인 팔레비(Reza Schah Pellewi)가 금지시켰고 시신의 처리는 후에 매장으로 바뀌었다.

고대 동방에서 짜라투스트라에 의해 시작된 파르시교는 오늘날까지도 우리에게는 살아 있는 종교이다. 그러나 이 종교의 미래는 여러 가지 조건들을 치밀하게 분석해 보면 그리 밝지만은 않다. 왜냐하면 이들에게는 규정화된 사제교육이나, 그것을 통한 사제의 배출도 없고 요즘 들어서는 젊은 이들이 주로 개혁 힌두교를 표방하는 종교 집단에 가서 고개를 숙이기 때문이다.

참고문헌: Christian Bartholomae, *Zarathustra's Leben und Lehre* (Heidelberg 1924); Jaques Duchesne-Guillemin, *Zoroastre* (Paris 1948); 같은 이, *The Western Response to Zoroaster* (Oxford 1958); 같은 이, *Symbolik des Parsismus* (Stuttgart 1961); Walter Bruno Hermann Henning, *Zoroaster. Politican or Witch-Doctor?* (London 1951); Helmuth Humbach, *Die Gathas des Zarathustra* (Heidelberg 1959); Franz König, *Zarathustras Jenseitsvorstellungen und das Alte Testament* (Wien 1964); Herman Lommel, *Die Religion Zarathustras* (Tübingen 1971); Henrik Samuel Nyberg, *Die Religionen des alten Iran* (Leipzig 1966); Bern fried Schlerath 편, *Zarathustra*, Wege der Forschung 169권 (Darmstadt 1970); Nathan Söderblom, *La vie future d'aupres le Mazdeisme* (Paris 1901); O. G. von Wesendonk, *Das Weltbild der Iranier* (München 1933); Geo Widengren, *Hochgottglaube im alten Iran* (Uppsala 1938); 같은 이, *Stand und Aufgaben der iranischen Religionsgeschichte* (Leiden 1955); 같은 이, *Iranische Geisteswelt* (Baden-Baden 1961); 같은 이, *Die Religionen Irans* (Stuttgart 1965); Stig Wikander, *Feuerpriester in Kleinasien und Iran* (Lund 1946); Fritz Wolff, *Avesta. Die heilihen Bücher der Parsen* (Berlin 1961).

4. 헤트 종교

거대한 말발굽형의 땅인 할리스(Halys)에서 번영을 누렸던 헤트(Hetiter) 왕국은 대략 기원전 1600~1200년 사이에 소아시아를 정치적으로 통합했고, 그 넘쳐나는 힘으로 북시리아와 메소포타미아 일대까지 영향을 끼쳤다. 헤트 왕국은 서로 다른 여러 고대의 종족들로 구성되어 있었고 그 중에서도 패권을 잡은 헤트인(Hetiter)은 인도-유럽인 계열의 한 종족이었다. 헤트 왕국의 정신적인 특징을 한마디로 규정하기는 매우 힘들다. 오히려 이는 지배층 민족이 남겨준 강력한 문화유산과 그외에 주변 지역인 에게, 코카서스, 흑해, 메소포타미아 그리고 이집트 등에서 유래된 여러 가지 문화유산층의 혼합 형태로 이해해야 할 것이다.

헤트 왕국의 종교 상황에서 눈에 띄는 현상은, 주변이나 같은 지역 내에 존재하는 각기 다른 종교들을 적대시하거나 그들에게 피해를 주지 않았다는 사실이다. 이렇게 종교간의 평화로운 관계를 유지하는 것을 두고 우리는 "공생관계"(Synoikismus)라고 부른다. 헤트족은 할리스에서 패권을 차지한 후에도 다른 민족의 신이나 제의에 대해 어떤 형태로든 억압하거나 없애려는 시도를 하지 않았다. 그래서 그들을 포용하고 각각의 종교적 특성을 보존한 대신 헤트 왕국에서는 통일된 신들의 질서체계(혹은 萬神殿, Pantheon)가 갖추어지지 못했다. 따라서 헤트 왕국의 신들을 통해서 원시적 형태의 카테족(Chatte, 헤센 사람의 조상이 되는 게르만의 한 종족), 쿠르족(Churriti, 스위스인의 조상이 되는 부족들 중 하나), 루메족(Lume, 룩셈부르크인들의 조상?)의 종교 형태들에 대해 정보를 얻을 수 있다. 이들 부족들은 독자적인 신전과 사제권 그리고 자신들만의 제사 언어를 가지고 있었다.

그리고 헤트 종교의 또 다른 특징은 언제나 신의 여성적인 모습이 우위에 놓여 있다는 점이다. 국가의 지배신이자 수호신은 태양 여신 아리나(Arinna)였고, 어느 곳인지 분명하게 알려져 있지는 않지만 아리나 여신만을 위한 제사 장소도 있었다. 이 여신을 헤트어로 어떻게 불렀는지는 불분명한데, 다만 원시 카테족의 언어로는 부루세무(Wurusemu)였다고만 알려져 있다. 이 여신은 카테족의 주인이며, 하늘과 땅의 여왕, 카테족의 왕과 여왕의 주인 — 헤트족의 여왕·왕의 주인도 됨 — 그리고 왕권의 보호자로 칭송을 받았다.

태양 여신 옆으로는 날씨의 신들이 보좌해 섰는데, 이들은 주로 천둥과 폭풍을 일으키는 데 큰 몫을 담당했다. 원래 날씨의 신들은 황소의 모습으로 그려졌었고 후에 도끼와 번개를 손에 거머쥔 사람의 모습으로 바뀌었다. 이들 중 카테어로 테슛(Teschup)이라는 신이 가장 두드러진 위치를 차지했으며, 그의 부인은 케파드(Chepat)였다.

또 다른 날씨의 신은 원시 카테어로 텔레피누(Telepinu)인데, 천둥의 신 타루(Taru)의 아들이다. 텔레피누와 관련해 신화가 한 가지 형성되어 있는데, 이를 통해 어디론가 사라진 신들에 관한 이야기를 들어볼 수 있다. 이 신화는 어떤 면으로 고대 동방에 널리 퍼져 있었던 여러 가지 "부활" 신화들과 매우 비슷하지만, 다만 부활에 (신이기 때문에) 죽음이 전제되지 않는다는 점에서는 다르다고 할 수 있다. 어느 날 텔레피누가 갑자기 자취를 감춘다. 그가 어디로 갔는지 찾을 수 없게 되자 온 땅과 그 위에 사는 인생들 역시 황량하게 변한다. 이때 꿀벌 하나가 천신만고 끝에 어디선가 단잠을 자는 신을 발견해서 침으로 쏘아 깨어나게 한다. 벌에 쏘인 신은 무척 화를 냈는데, 텔레피누에 대한 제사는 화난 신을 진정시키며, 또한 그를 잘 구슬려 이 땅으로 돌아오게 하는 의식이다.

쿠르족(Chur) 신전에서 가장 높은 위치에 있던 신은 쿠마르비(Kumarbi)이고, 헤트적 전통에서, 쿠마르비가 다스리던 곳은 "하늘 왕국"이다. 최근 들어 학계에서는 쿠마르비 신이 특별한 관심을 불러모으고 있는데, 그의 신화 속에서 우라노스(Uranos), 크로노스(Kronos), 제우스(Zeus) 등 헤시오드(Hesiod, 기원전 8세기경 그리스 시인)가 전해주는 그리스 신화의 신들과 일맥상통한 점이 발견되기 때문이다. 쿠마르비는 그의 아버지인 아누(Anu)를 왕좌에서 밀어내지만, 앞에서 거론한 날씨의 세 신들 — "하늘의 세 왕"으로도 불림 — 에 의해 그 자신 또한 쫓겨나게 된다.

헤트 왕국의 종교세계는 그 종교가 가졌던 신에 대한 강력한 믿음으로 우리에게 잘 알려져 있다. 신들에 대한 제사의 집행은 인간의 권리인 동시에 의무였다. 제사에서 눈에 띄는 것은 신에게 바치는 빵이 가장 중요한 역할을 한다는 점이다. 신성한 신에 대한 제사는 왕에게 주어진 개인적인 과제라서 그는 종교적인 여행 달력까지 가지고 있었다. 다시 말해서 각각 다른 제의 장소나 성전 그리고 신성한 탑이나 요새 등에서 벌어지는 제사 때문에 왕은 여행 달력에 따라 무척 부지런히 돌아다녀야 했다는 뜻이다. 왕은 비록 최고의 제사장이기는 했지만 결코 신과 동일시될 수는 없는 존재였다. 그래서 왕이 죽어서야 비로소 헤트인들은 죽은 왕에 대해 공경을 했다.

헤트 종교의 윤리는 철저히 죄라는 개념을 통해서 설명된다. 개인이 겪는 모든 병과 불행은 자신의 도덕적인 실수에서 기인하며, 나라의 어려움은 왕이 국민에게 가지는 책임의식이 결여되었음을 뜻한다. 이 종교에서는 개개 신앙인들의 경건함 외에도 마술이나 점술이 중요하게 여겨졌는데, 이는 메소포타미아 지역의 영향을 받아서이다.

헤트 종교가 가졌던 저승 이해는 정확히 서술하기가 힘들다. 그러나 분명한 것은 왕이 죽은 후에도 하늘에서 계속 삶이 이어진다는 점이다. 이를 바꾸어 말하면 이승에서 누렸던 지위에 따라 저승의 삶까지 결정된다는 말이며, 보통 사람의 죽음인 경우는 그가 실천했던 도덕적인 행동에 따라 분류되어, 그 덕분에 끔찍한 지하세계로의 추락을 면하게 된다.

참고문헌: Rene Dussaud, *Les religios des Hittites et des Hourrites, des Pheniciens et des Syriens* (Paris 1949); Giuseppe Furlani, *La religione degli Hittiti* (Bologna 1936); Albrecht Götze, *Hethiter, Churriter und Assyrer* (Oslo 1936); O. R. Gurney, *The Hittites* (London 1952); 같은 이, *Some Aspects of Hittite Religion* (London 1977); Hans Gustav Güterbock, Kumarbi, *Mythen von churrittischen Kronos* (Zürich/New York 1946); Emmanuel Laroche, *Recherches sur les noms des dieux hitties* (Paris 1947); Heilich Otten, *Mythen vom Gotte Kumarbi* (Berlin 1950).

5. 가나안 종교

"베엘제붑(Beelzebub)이 악마들을 내쫓다." 이 표현은 신약성서 마태오 12장 24절과 마르코 3장 22절에 나오는 것으로, 어떤 악의 세력들이 또 다른 악마인 베엘제붑에 의해 그 힘을 잃게 된다는 뜻이다. 신약성서에서 매우 부정적인 의미로 악마들의 대명사가 되다시피 한 베엘제붑은 구약성서에도 등장하는데, 열왕기 하 1장을 대표적인 예로 꼽을 수 있다.

거기에 보면 아하지아(Ahasja) 왕이 에크론(Ekron) 시(市)의 수호신에게 자신의 병이 나을지 물어봄으로써 예언자 엘리야(Elia)의 분노를 사게 된다. 에크론의 신이 바로 바알-제불(Baal-Zebul)이며, 그 뜻은 "신들을 거느리는 이"이다. 구약성서에서는 그 이름을 절묘하게 바꾸어 바알-제붑(Baal-Zebub), 즉 "파리의 신"이라고 함으로써 이 신이 가졌던 원래의 위상을 격하시켰다. 이렇게 이방신을 우스꽝스럽게 격하시키는 일은 이스라엘 종교와 이방종교와의 관계설정에서 이루어진 것이고, 또한 바알(Baal)이 가나안 종교의 산물임을 반증하는 계기가 된다.

이스라엘이 가나안 땅을 정복하기 전에 그 땅에 있던 종교에 대한 정보는 1929년에 라스 샤므라(Ras Schamra)[11]의 발굴이 시작되면서 얻을 수 있게 되었다. 그곳에서 빛을 보게 된 문서들은 오늘날 흔히 우가리트어라고 일컫는 일종의 셈족어로 씌어 있다. 그 기록이 형성된 시기는 대략 기원전 15세기경으로 추정되는데, 고대 가나안 종교의 정확한 이해에 필수적인 사료이며, 구약성서와 이 기록들을 비교해 보면 그때그때의 상황에 따라서 적절하게 가나안 종교를 해석한 이스라엘 종교의 호교론적 입장을 발

---

11. 시리아 해변 북동쪽 끝, 사이프러스 건너편에 있던 고대 우가리트(Ugarit) 지역.

견할 수 있다.

우가리트 만신전의 정상에는 모든 신들의 왕인 엘(El)이 위치하고 있는데, 이는 셈족어에서 "신"이라는 뜻이다. 엘은 세상의 창조자이며, 또한 지혜롭고 착한 인간의 아버지 신이다. 신화에 보면 엘은 모든 나이 어린 바알 신들의 후견인 노릇을 하며, 또한 바알은 그의 창조물이기도 하다. "주인"이란 뜻을 가진 바알은 어느 지역의 신을 규정할 때 항상 앞머리에 나오고 그 뒤로 지역명이 뒤따른다. 라스 샤므라에서 발굴된 문서에 보면 바알은 대부분 다산신(多産神)인 다간(Dagan)의 아들로 표현되어 있고, 간혹 엘이 아버지가 되기도 한다(1사무 5장).

바알에 대해서는 두 가지 신화가 있다. 언제인가 얌(Jam, "바다")이라는 신의 적대자가 나타났다. 그는 엘이 이끄는 신들의 회의에서 바알을 자신의 노예로 줄 것을 공개적으로 요청한다. 얌이란 신은 "바다"라는 뜻에서 알 수 있듯이 워낙 강한 존재이기 때문에 엘은 그의 요청에 동의한다. 이때부터 바알과 얌 사이에는 엄청난 싸움이 벌어지고 결국 바알이 승리한다. 바알의 승리를 두고 한 여신은 "아! 마침내 얌이 거꾸러졌네, 바알이 왕이 되었네"라고 널리 외친다. 이 신화에서 분명한 것은 바다를 인격화시킨 얌이 바로 혼돈의 세력을 대변하고, 바알은 그의 영역에서 혼돈을 몰아냄으로써 세계의 질서를 정상으로 만들어 놓았다는 점이다.

둘째 신화에서도 역시 바알이 주인공 노릇을 하는데, 가나안 종교에서 이 신화는 앞의 신화보다 더욱 큰 비중을 차지한다. 황폐를 몰고다니는 죽음의 신 모트(Mot)가 모든 초목을 죽임으로써 바알과의 싸움에서 승리한 후 그를 지하세계로 데려간다. 바알이 사라지자 땅은 그 풍요함을 잃고 말았다. 이때 바알의 부인인 아나트(Anat)가 용감하게 지하세계로 남편을 찾아 내려가고 그곳에서 모트를 물리친다. 부인 덕에 지하세계에서 간신히 빠져나온 바알은 이윽고 다시 왕좌에 오른다.

둘째 신화에서 우리는 1년 4계절에 따라 온갖 초목이 죽고 다시 사는 과정을 비유적으로 읽어낼 수 있다. 이 과정은 제의적인 연극으로 재구성되었는데, 연중 가장 큰 행사로서 그 중심에는 신성한 결혼예식이 자리잡는다. 풍년을 기리는 이 제의가 가지는 성적인 요소는 가나안-시리아 지역에서는 전형적인 것이었고, 모든 제의가 그 효력을 얻는 도화선 구실을 했다.

기원전 1200년경에 우가리트가 몰락하자 북지중해권 제사에서 초목의 신이 가지던 독보적인 위치도 같은 운명을 맞았다. 물론 그 뒤로 이스라엘 인들의 나라가 가나안 땅에 성립된 것은 두말할 나위도 없겠다. 이들의 언어로 "주인"을 뜻하는 아돈(Adon)은 그리스어로 유입되어 아도니스(Adonis)로 바뀌었다. 사계절의 변화를 죽고 다시 사는 신의 속성으로 이해한 제의 형태는 아람(Aram) 지역권과 띠로(Tyrus)의 농경문화에서도 발견된다.

참고문헌: J. Aistleitner, *Die mythologischen und kultischen Texte aus Ras Schamra* (Budapest 1964); Wolf Wilhelm Graf Baudissin, *Adonis und Esmun. Eine Untersuchung zur Geschichte des Glaubens an Auferstehungsgötter und an Heilgötter* (Leipzig 1911); Rene Dussaud, *Les religions des Hittites et des Hourites, des Pheniciens et des Syriens* (Paris 1949); Otto Eisspeldt, *Ras Schamara und Sanchunjaton* (Halle 1939); 같은 이, *El im uraritischen Pantheon* (Berlin 1951); Gerog Fohrer, *Die wiederentdeckte kanaanäische Religion*, in: Theologische Literaturzeitung 78 (1953) 193-200쪽; Hartmut Gese/Maria Höfner/Kurt Rudolph, *Die Religionen Altsyriens, Altarabiens und der Mandäer* (Stuttgart 1970); Werner H. Schmidt, *Königtum Gottes in Ugarit und Israel* (Berlin 1966); Hartmut Schmökel, *Der Gott Dagan* (Heidelberg 1928).

②
신약성서와 초기 그리스도 교회 주변의 종교 세계

1. 유대교

유대-이스라엘 역사에서 바빌론 포로기(기원전 6세기경) 이후의 시기는 종교적으로 매우 번영했던 때로 잡을 수 있는데, 그 중에서도 가장 눈에 띄는 것은 예언자들의 활동이다. 또한 이 시기에 유대교는 율법종교로 뚜렷이 발전하게 된다. 유대교에서 나타나는 경건성은 모두 엄격하고도 정확한 윤리적 율법 규정들(토라)에서 비롯된 것이며, 이로 인해 신앙인의 순수함과 개개인이 얻게 될 구원의 모습까지 드러난다. 여기서 빚어지는 결과들은 천차만별이다.

한때 유대교에서 신앙심을 가늠하는 잣대로 강조했던 것은 예루살렘 성전 참배였다. 그런데 본토 팔레스타인 지역 외에 로마 제국 곳곳에 유대인들이 산재해 있었고, 이들은 당시 본토 유대인들보다도 오히려 강한 신앙심을 가지고 있었다. 그러나 예루살렘에서 지역적으로 멀리 떨어진 관계로 성전 참배를 제대로 하지 못했기 때문에, 자연적으로 본토 유대교의 직접적인 영향권에서는 멀어져 있었다[유대인의 교회는 그들의 언어로 "모이는 장소"라는 뜻을 가진 시나고게(Synagoge, 會堂)인데, 여기서' 율법의 선포와 해석을 도맡아 담당했다].

고향을 떠나 사는 유대인들을 두고 "흩어짐"이라는 뜻을 가진 "디아스포라"(Diaspora)라고 일컫는다. 이들 디아스포라는 당시의 주위 헬라 세계와 다각도에서 관계를 맺었고, 그 중에서도 헬라 문화, 특히 그리스어의 영향은 피할 수 없는 것이었다. 다른 한편으로 그들은 자신들의 종교를 지키기 위해 끊임없이 노력해, 이를테면 예루살렘으로 성전세를 꼬박꼬박 바쳤다든가, 때때로 예루살렘 성전 순례도 하였고 인생의 말년에는 누구라도 거룩한 고향 땅 팔레스타인에 돌아가기를 바랐다.

두 가지 성향, 즉 피할 수 없는 주위 헬라 세계와의 접합과 자신들의 신앙을 더욱 공고히하려는 노력은, 이들 신앙의 결정체인 "70인역 성서"(Septuaginta: LXX)를 만들어 냈다. 이는 히브리어 구약성서의 그리스어 번역본으로, 전설에 따르면 72명의 유대 율사가 72일 동안 각각 따로 번역 작업을 했는데, 나중에 비교해 보니까 글자 하나 다르지 않았다고 한다.

"70인역 성서"는 헬라 세계에 대한 유대교 선교에 큰 몫을 담당했고, 디아스포라 사이에서는 독보적인 존재로 부각되었다. "하느님을 두려워하는 이"들 모두는 성전 참배를 제대로 못하는 대신 "70인역 성서"를 그 위치에 갖다 놓았다. 그들은 유일신 사상으로 무장되어 우상 파괴에 앞장섰으며, 또한 그에 걸맞은 성숙한 윤리를 지니고 있었다.

당시 구약성서 해석의 최고 권위자는 필로(Philo)인데, 특히 우의적인(allegorical) 해석으로 유명하다. 그는 예수와 동시대의 유대 율사로, 헬라 유대교의 지역적인 중심지인 알렉산드리아에서 활동했다. 그래서 그를 "알렉산드리아의 필로"라 부르기도 한다.

여러 민족과 문화, 다양한 종교의 결합체인 로마 제국이라는 공간에서 한 민족이 자신의 고유성을 지켜나가기는 그리 쉬운 일이 아니었다. 그래서 디아스포라 유대인들은 종교적인 경건함을 유지하느라 주위 세계로부터 따돌림을 받았고, 종종 적으로 취급되기까지 했다. 그리스인들과 로마인들은 바야흐로 유대인들을 믿지 않게 되었으며, 그들이 잘 사는 것을 시샘했고, 급기야 유대인의 선민의식, 엄격한 종교성, 병역 거부, 로마 왕권에 대한 무시 등을 책잡아 비판하기에 이르렀다.

팔레스타인, 그러니까 본토 유대 땅에서는 유대교가 성서 주석을 중심으로 하는 율법종교로 자리잡게 되었고, 그에 따른 당연한 결과로 각각 의견을 달리하는 여러 가지의 당파와 학풍이 형성되었다.

사두가이파: 이들은 전통적으로 중심 사제계급을 형성했고, 당파의 이름 역시 솔로몬 왕에 의해 임명된 대사제인 사독(Sadok)에서 왔을 것으로 추

측된다. 이들은 현실 정치와 영합해서 정치귀족화되었고, 종교 영역에서는 회의적이고 자유로운 성향을 가졌다. 부활신앙의 거부나, 천사라는 존재를 부정한 것이나 모든 구전 율법의 권위를 부정한 점 등을 이들이 가지는 종교 성향의 특징으로 들 수 있다. 사두가이파가 국민에게 미치는 영향은 극히 적었다.

바리사이파: 이들 바리사이파는 사두가이와는 달리 국민들로부터 매우 존경을 받았고 영향력도 컸다. "구별된 이들"이라는 뜻을 가진 이름의 바리사이들은 그 뜻에 걸맞게 모든 더러운 것들을 피하고, 이방인을 멀리했으며 율법을 따르지 않는 유대인들을 경멸했다. 이들은 진정한 경건성의 대변자이며, 부활신앙의 선봉장 그리고 내세에서 받게 될 보상을 특히 강조했다.

이렇게 전통적인 학풍을 가진 당파들 외에도 팔레스타인에는 종교적으로 구별되려는 노력을 한 배타적인 성격을 가진 집단이 있었다. 이름하여 에세네파(Essener)라고 불리는 이 사람들은 자신들의 인생 전체를 송두리째 바쳐, 수도원적인 규율에 따라 움직이는 신성한 공동체에 투신했다. 이들이 만들었던 공동체들 중의 하나가 꿈란(Qumran) 지역 공동체인데, 잘 알려진 대로 여기서는 1947년 늦여름부터 라스 페쉬카(Ras Feschcha) 사막 동굴들을 시작으로 엄청난 양의 성서·비성서 문헌들이 발굴되었다(이른바 "사해 문서"). 꿈란 공동체는 사해 서북쪽 해안과 내륙의 가파른 산들 사이에 약 1Km 정도의 길이에 달하는, 쾌적한 평지 사막 가운데 자신들의 수도원을 가지고 있었음이 발굴을 통해 드러났다.

꿈란 공동체가 보유하고 있던 특수 문헌 자료들은 자신들이 박해받는 때가 오자 동굴에 숨겨놓은 것으로 보이는데, 여기서 우리는 그들의 수도원 생활에 대한 실질적인 정보들을 얻을 수 있다. 수도원의 엄격한 규율에 따라 사유재산은 모두 헌납하고, 공동생활과 공동재산을 원칙으로 하며, 엄격한 기도시간 준수와 공동식사 역시 수도원 생활에서 빼놓을 수 없는 사항들이었다. 또한 공동체에 대한 엄격한 의무와 신체적·정신적 봉사가 뒤따랐으며, 구성원들 사이에는 하나의 위계질서가 성립되어 있었고, 수도원 최고위층들은 독신생활을 했다.

그들은 스스로 도시생활과 멀리 떨어지려 노력했는데, 도시란 사람을 못쓰게 만드는 곳이라고 여겼기 때문이다. 꿈란 공동체의 밑바닥에는 철저한 율법 공경이 자리잡고 있었고, 신학적으로 이들은 냉혹한 대립적인 이원론(Antithetischer Dualismus)을 바탕으로 삼았다. 이원론 속에는 언제나 섞이기 불가능한 대립관계가 설정되는데, 빛·진리의 힘·진리의 사람들 ― 자신들을 일컬음 ― 이 한편에 서 있고, 반대편에는 어둠과 불경한 힘 및 사악한 인간들이 서 있다. 꿈란 공동체를 온통 사로잡았던 생각은, 모순이 가득한 현세계는 언젠가 종말의 대전쟁을 불러일으키고, 결국 선한 힘이 모든 어둠의 세력을 몰아낼 것이라는 확신이었다. 이런 종말론적인 사고방식이 꿈란 공동체의 종교성과 실천적인 경건성을 규정하는 데 결정적인 작용을 했다. 그렇다고 꿈란 공동체에서 품었던 미래에 대한 희망이 오직 그들만의 독특한 사고는 아니었다. 오히려 이는 당시 유대교에 널리 퍼져 있던 생각인데, 다만 꿈란 공동체의 색다른 강조점이 있다면, "악의 세력"을 팔레스타인을 지배하던 이방 로마 정권으로 간주했다는 사실이다. 유대인들은 다윗 가문의 후손에서 등장할 "메시아"를 학수고대했었다. 그들이 기다리던 메시아란 무엇보다 세상의 정치질서를 바로잡아 로마인을 내쫓고 강력한 이스라엘 국가를 건설할 인물이다.

유대인들로부터 천시받았던 부족으로 사마리아인들이 있었다. 사마리아라는 이름은 그들이 살던 지역에서 따온 것으로, 외국인들과 혼인관계를 맺은 바 있는 일종의 혼합 종족이라 할 수 있다. 피가 깨끗하지 못하다는 이유로 이들은 유대교의 종교 영역에서 제외되었다. 유대교와 사마리아인들이 분리된 시기는 정확하지 않지만 바빌론 포로기 이후인 대략 기원전 4세기경으로 추정된다. 사마리아인들은 구약성서 중에서도 단지 모세 5경만을 경전으로 인정하며, 유대인의 신앙 중심지인 예루살렘과 반대해 가리짐 (Garizim) 산을 성소로 삼아 자신들의 성전을 지음으로써 종교의 중심지로 만들었다. 오늘날 형편을 보면 이들이 누렸던 수천 년의 역사가 이제 막바지에 와 있다는 느낌을 받는데, 이제 나블로(Nablus)라는 도시에 불과 300명 정도의 사마리아인들이 모여 살 뿐이다.

참고문헌: John M. Allegro, *Die Botschaft vom Toten Meer* (Frankfurt a. M./Hamburg 1957); Hans Bardtke, *Die Handschriftenfunde am Toten Meer* (Berlin 1953); Wilhelm Bousset/Hugo Gressmann, *Die Religion des Judentums im späthellenistischen Zeitalter* (Tübingen 1966); Christoph Burchard, *Bibliographie zu den Handschriften vom Toten Meer* (Berlin 1959-1965); Millar Burrows, *Die Schriftrollen vom Toten Meer* (München 1956); Andre Dupont-Sommer, *Die essenischen Schriften vom Toten Meer* (Tübingen 1960); Hugo Gressmann, *Der Messias* (Göttingen 1926); Gert Jeremias, *Der Lehrer der Gerechtigkeit* (Göttingen 1963); Eduard Lohse, *Die Texte aus Qumran* (Darmstadt/München 1971); Georg Molin, *Die Söhne des Lichts, Zeit und Stellung der Handschriften vom Toten Meer* (Wien/München 1954); Bo Reicke, *Neutestamentliche Zeitgeschichte* (Berlin 1968); Kurt Schubert, *Die Religion des nachbiblischen Judentums* (Freiburg i. Br./Wien 1955); 같은 이, *Die Gemeinde vom Toten Meer* (München/Basel 1958); Emil Schürer, *Geschichte des jüdischen Volks im Zeitalter Jesu Christi* (Leipzig 1901-1909).

2. 헬라 세계와 로마의 종교

로마 제국의 역사는 비단 도시국가에서 세계국가로 뻗어나간 정치적·국가적 사건으로만 파악할 것이 아니라, 그 역사 안에서 수없이 일어나고 스러져간 종교들의 개개 역사들, 즉 종교역사적인 관점에서도 큰 의미를 가진다. "종교"라는 뜻을 가진 "Religion"은 키케로가 언급했다시피 라틴어 religio에서 온 것이며, religio의 이해가 바로 로마 종교의 원모습을 살펴보는 지름길이라 할 수 있다. 이 말은 본래 "용무를 보다"라는 뜻을 가지는데 속뜻은, 어떤 일을 대충 해나가는 것이 아니라 꼼꼼하게 수행해 나가는 것으로, 철저한 순종의 질서를 내포한다. 따라서 로마 시대의 종교적인 문헌들에서 이 단어가 유난히 많이 발견된다는 사실은 전혀 놀라운 일이 아니다.

이와같이 종교성에 대해서는 엄격하게 규정해 놓은 반면 실제로 섬김의 대상이 되는 고대 로마의 신들은 눈에 띄는 특징을 가지지 못하고 오히려 신화 뒤편으로 밀려나 있다는 인상을 준다. 로마의 신들은 주로 외국 신들의 모습으로 형상화된다. 특히 에트루리아(Etrurien) 종교의 영향을 무시할 수 없는데, 이 종교는 직접 로마에 영향을 끼치기도 했고, 그리스 종교를 통해 간접적으로 로마에 전수되기도 하였다. 대표적인 예가 님이탈리아와 시실리를 거쳐 전해진 그리스 종교라 하겠다.

섬겨야 할 대상으로 그 으뜸은 쥬피터(Jupiter), 쥬노(Juno), 미네르바(Minerva) 등 이른바 카피톨적 삼위신(Kapitolische Triade)[1]을 들 수 있는데, 이는 분명히 에트루리아 종교의 신 체계 중 3위성(三位性)에서 영향을

---

1. Kapitol: 로마 중심에 왕성이 있던 언덕. 상징적으로 로마 제국의 중심을 나타냄.

받은 것이다. 구체적으로 하늘 신인 티니아(Tinia)와 그를 보좌하는 두 여신 우니(Uni)와 메네르바(Menerva)를 뜻하는데, 이들은 로마의 쥬노와 미네르바와 밀접한 관계를 맺는다. 수도 로마의 한가운데 카피톨(Kapitol) 언덕에는 성스러운 장소로 신전이 자리하고 있었다. 이 신전의 건축은 우선 에트루리아 왕궁 양식에서 고무받은 것이고, 세 개의 방으로 나뉘어 있는 신전의 내부 구조 역시 에트루리아의 성소 건축 형태를 본뜬 것이다.

그리스 종교의 영향으로는 12신 체계를 들 수 있다. 이는 로마 종교에서 신들의 질서를 12신으로 체계화시켰다는 사실을 보여줄 뿐 아니라, 수많은 신들을 12신으로 통합시켰다는 의미도 있다. 로마 종교에 섞여 들어간 12신 체계, 여기에서 우리는 그리스 종교의 그 풍부한 신화와 로마 종교의 엄격한 종교성이 한데 어우러진 모습을 읽을 수 있고, 더불어 인간적으로 표현된(神人同形) 신들도 만나게 된다. 로마 신전의 꼭대기에 자리한 쥬피터는 그리스 신화에서 신들의 아버지로 추앙받는 제우스(Zeus)와 같은 신이고, 그의 부인 쥬노는 그리스의 헤라(Hera)에 해당한다. 다만 쥬노가 더 질투가 많고, 때때로 남편 쥬피터의 진실성에 의문을 던지며 항상 성과없이 마음만 졸인다는 점에서 헤라와 약간의 차이가 있다고 하겠다. 어쨌든 쥬노는 여성의 상징으로 간주할 수 있다.

미네르바의 특징과 그를 묘사한 미술품들을 살펴보면, 그리스 아테네 여신(Athena)의 됨됨이가 결정적인 영향을 끼쳤음을 미루어 짐작할 수 있고, 사랑의 여신 비너스(Venus)는 그리스의 아프로디테(Aphrodite), 사냥의 여신 다이아나(Diana)는 아르테미스(Artemis), 농부들의 수호신 케레스(Ceres)는 데메테르(Demeter)에 각각 해당한다.

로마의 12신들 중 베스타(Vesta) 여신은 그 원형이 되는 그리스의 헤스티아(Hestia)보다 훨씬 위대한 신으로 자리잡았는데, 이는 헤스티아가 그리스에서는 고작 부엌이나 지키는 존재인 데 비해 베스타는 도시를 지키는 신이 되었기 때문이다. 그녀의 상징은 언제나 꺼지지 않는 불이며, 처녀들로만 구성된 시녀들이 그녀를 보좌하는데, 이들을 두고 "베스타의 여인들"

이라 이름붙였다. 베스타 여인들의 의무는 불을 꺼뜨리지 않는 일이었다.

로마의 전쟁신 마르스(Mars)는 그리스의 아레스(Ares)와 공통점을 많이 가지고 있으며, 종종 같은 신으로 이해되곤 한다. 지혜의 신 아폴로(Apollo)는 이름이 바뀌지 않은 채 그대로 로마 12신 체계 속에 끼여들었고, 그리스 신화에서는 원래 연락과 신의 대변인 역할을 하던 헤르메스(Hermes)는 로마 종교에서 머큐리(Mercur), 즉 상업의 신이 되었다. 바다의 신 넵튠(Neptun)은 그리스의 포세이돈(Poseidon), 번개와 불을 맡은 불칸(Vulcanus)은 그리스의 헤파이스토스(Hephaistos)에 해당한다.

그리스의 신들이 로마 종교로 전달되는 과정에 직·간접으로 에트루리아는 영향을 끼쳤다. 그러나 로마가 에트루리아에게 현혹당한 것은 아니다. 로마의 사제들은 직접 에트루리아의 세르베테리(Cerveteri)로 가서 에트루리아의 종교 제의에서 죽은 짐승의 간 모양이라든가, 새들의 나는 모습, 번개가 치는 모양 등을 보고 예언을 하는 점술을 교육받았다. 에트루리아의 점술은 에트루리아인들이 시간과 공간에 대해 어떤 이해를 가지고 있었는지, 즉 그들의 세계관을 알아보는 중요한 실마리를 제공하는데, 아쉬운 것은 단지 로마인들에 의해 실용적인 부분만 번역되어 있다는 점이다.

에트루리아의 영향은 로마 제국의 검투사 경기(Gladiatorenspiele)에서도 발견된다. 원래 이는 에트루리아인들의 장례식 때 포로나 노예들에게 피를 흘리도록 시킨 경기인데, 로마에는 기원전 264년에 처음 이 경기가 도입되었다. 로마에서는 목숨을 건 이 싸움을 국가적인 경기로 부각시켜 공개적인 장소에서 행해지도록 하였다.

종교사적인 관점에서 헬레니즘이 로마에 끼친 영향 중의 하나로 밀교(Mysterienkulte)의 전달을 들 수 있다. 밀교는 고대 후기로부터 그 세력을 뻗어나갔는데, 그 이름에서 알 수 있듯이 밀교란 비밀스럽게 진행되는 제의를 그 특징으로 가지며, 따라서 물론 모든 제의는 외부인들에게 철저히 숨겨졌다. 그럼에도 불구하고 밀교 제의의 기본적인 성향은 널리 알려져 있다. 밀교를 따르는 이들은 영원한 생명을 보장하는 이른바 "신비함"(Mysten)을 철저히 믿었다. 그들에게는 생명의 근원을 되살리는 제사가 있었는데, 이는 주어진 세계의 변화를 불러일으킨다. 그들은 모든 자연이 죽었다가 다시 살아나는 4계절의 순환에 따라, 봄에 다시 생명이 나타나는 현상을 극적으로 묘사한 종교 신화를 찬양했다. 다시 생명을 주는 존재가 "신비함"이고, 장차 행복한 저승길을 보장해 준다. 호머가 데메테르를 찬양한 구절[2]에 보면 밀교의 영향을 읽어볼 수 있다.

> 우리 눈에 보이는 모든 땅위의 인생들을 축복하소서
> 신성한 축복을 모르는 이들은 놀라운 행운을 얻지 못할 것이며,
> 죽어서 지옥으로 떨어질 것이라.

아테네식의 도시 국가 엘레우시스(Eleusis)에 근거지를 둔 오르페우스교(Orphik)도 역시 밀교 중의 하나인데, 트라키아(Therakien)에서 그리스로, 그리스에서 로마 제국으로 흘러들어온 것이며, 헬레니즘 시대에 번영을 누렸다. 이 종교의 추종자들에게는 이원론(Dualismus)에 근거한 금욕적인 생활 태도가 요구되었는데, 이런 식의 금욕주의는 그들의 밀교적인 종교의식에도 잘 나타난다. 그들은 신들에 거역하는 막강한 힘들을 추구했다. 원래 이원주의란 남이탈리아에 있던 피타고라스 학파에서 유행하던 것으로 인간의 영혼이 그 감옥인 육체와 분리된다고 하여, 이른바 "영혼의 윤회"를 주장했었다.

또 하나의 주목할 만한 로마의 밀교 현상은 동방에서 유래된 것인데, 로마 원로원에서는 그 영향에 대해 불신과 반대의 뜻을 분명히하였다. 동방에서 유입된 밀교적 영향을 최초로 암시하는 사건은 기원전 204년에 벌어졌다. 2차 포에니 전쟁 중 한니발이 아직 이탈리아 남단에 진을 치고 있어

---

2. Martin P. Nilsson, *Die Religion der Griechen*, Religionsgeschichtliches Lesebuch 4권, A. Bertholet 편 (Tübingen 1927) 50쪽.

매우 어려운 시기에, 프리기아(Phrygia)의 어머니 신인 키벨레(Kybele)의 도움을 빌려야 적을 퇴치할 수 있다는 불가사의한 신탁이 나돈 적이 있었다. 키벨레의 상징은 소아시아 북서쪽 페르가몬(Pergamon)이라는 도시에 있던 거대한 검은색 돌인데, 이를 두고 로마인들은 "위대한 어머니"(Magna Mater)라 불렀다. 로마는 페르가몬의 왕 아탈로스(Attalos)에게 사람을 보내어 돌을 로마에 보내도록 부탁했고, 왕은 배를 내어 신성한 돌을 로마에 보냈다. 그후 이 돌은 빅토리아(Victoria, 승리의 여신) 신전에 놓여졌고, 기원전 191년에는 팔라틴(Palatin, 로마 중앙의 신성한 언덕)의 성소로 옮겨졌다.

키벨레의 상징인 검은 돌과 더불어 그녀의 거세된 사제인 갈리(Galli)들도 로마에 보내졌는데, 제사중에 내내 황홀경에 빠져 시끄러운 의식을 진행시키곤 하였다. 이들의 가장 큰 제사는 춘분을 기념하는 것으로, 키벨레는 봄이 되어 부활한 그녀의 젊은 애인 아티스(Attis)와 결합한다. 로마 시민들에게는 갈리가 될 수 있는 길이 막혀 있었다. 이처럼 로마에서 프리기아의 "위대한 어머니"를 받아들임으로써 동방종교와의 본격적인 접합이 시작되었고, 더 나아가 로마 제국의 정신세계에도 분명한 영향을 끼쳤다.

프리기아 종교가 로마에 끼친 또 하나의 영향은 트라키아의 사바지오스(Sabazios)라는 신이다. 이 신 역시 로마의 종교문화에 지대한 영향을 주었다. 사바지오스는 소아시아의 디오니소스(Dyonisos)라 할 수 있는데, 오늘날까지도 이 신 본래의 생생한 모습들이 그대로 남아 있다. 사바지오스는 농사의 신으로, 삶을 다스리는 존재로, 또한 의사의 신으로 숭앙을 받았다. 그는 여성에게는 출산의 기쁨을 주고, 아기들을 건강하게 자라도록 해준다. 그는 프리기아식 의상과 모자를 걸치고 수염을 길게 기른 인자한 아저씨로 묘사되곤 하였다. 사바지오스의 숭배자들은 손가락을 위로 올려 하는 서약을 자신들의 표시로 삼았으며, 로마 황궁에서는 행복한 출산에 대해 신에게 감사하는 표시로 이것을 사용했다. 로마 제국 곳곳에서는 거의 예외없이 오른손 세 손가락을 위로 한 동상을 발견할 수 있는데, 이는 사바지오스 신에 대한 서원과 그의 축복을 손가락 형상으로 묘사한 것이다. 로마 제국에 사바지오스 신에 대한 믿음이 널리 퍼져 있었음을 어렵지 않게 짐작할 수 있겠다.

초목의 성장을 맡고 있는 아도니스(Adonis)는 시리아 지역에서 유래했으며, 바빌론 신화와 제의에서 그 본모습을 찾을 수 있다. 로마 제국을 통해 아도니스는 후기 고대세계에 널리 퍼지게 되었다. 아도니스는 아주 젊고 잘생긴 신으로 사냥을 나갔다가 산돼지를 만나 목숨을 빼앗긴다. 추종자들은 그의 죽음을 몹시 서러워했고, 광란상태에 빠져 자신들의 슬픔을 표현한다. 그러나 봄이 와서 다시 초목이 자라나면 모두들 아도니스가 부활했다는 사실을 축하한다.

원로원의 반대를 무릅쓰고 술라스(Sullas, 기원전 138~78) 시대에 이시스(Isis) 종교가 로마에 유입되었다. 이 여신은 자신의 고향격인 이집트에서는 그녀의 남편 오시리스(Osiris)와 비교할 때 그저 뒤에서 의미심장하게 서 있기만 한 존재였다. 그러나 헬레니즘 세계로 넘어오면서 그녀는 하나의 완전하고 독립적이며 독특한 의미를 얻게 된다. 이 여신을 두고 당시 로마에서는 "삼라만상의 어머니", "모든 질료의 여주인" 혹은 "시간의 시작"이라고도 불렀는데, 이런 명칭들은 이시스 여신의 우주적이고도 보편적인 성격을 반영한다.

이시스를 숭배하는 데 두번째로 중요했던 점은 이 여신이 매우 인간적인 모습으로 묘사되었다는 점이다. 이시스에게는 호루스(Horus)라는 이름을 가진 젊은 아들이 있었으며, 그는 고대 이집트에서는 왕권을 상징하는 매의 형상으로 나타난다. 그러나 후기 고대로 들어서면서 호루스는, 신화에 나오는 신들을 인간적인 모습으로 표현한 그리스 미술의 영향을 받아 인간적인 모습을 띠게 된다. 이시스와 그의 아들 호루스가 인간적인 모습을 가지게 되면서부터 흔히 그리스도교의 마리아와 예수에 견주어지곤 하였다.

이시스 종교가 로마의 종교로 자리잡으면서 끼치게 된 세번째 영향은 구원론에서 발견된다. 이시스 종교가 로마에 전래된 후 비교적 오랜 시간이 지난 2세기경부터 증거들을 찾아볼 수 있다. 이 증거들 안에서 이시스 종교 고유의 우주론적·인간론적인 구원상을 엿볼 수 있다.

이집트 종교가 로마에 끼친 또 다른 영향은 세라피스(Serapis)이다. 세라피스란 멤피스의 신성한 황소를 가리키는 오시리스-아피스(Osiris-Apis)의 그리스식 표현이다. 그러나 후기 이집트 왕국에서 황소에 인간적인 모습을 입혀 신성을 부여했던 것과 비교하자면, 세라피스라는 이름만 남아 있을 뿐 그 원래의 뜻은 로마에서 거의 사라졌다. 대신에 그 자리를 그리스의 신들인 제우스와 플루트가 차지했고, 후기 고대에 만연했던 소테르(Soter, 구원자)에 대한 대망사상(待望思想)과 맞물리면서 의미를 가지게 되었다. 이는 하나의 전형적인 종교 혼합 현상을 보여주는 예인데, 세라피스의 기원에 대해 타키투스(Tacitus)[3]는,

> 이 신의 기원에 대해 우리 로마의 작가들은 아직 충분한 확신을 가지고 있지 못하다. 이집트 대사제들의 설명에 따르면, 마케도니아 왕권을 이어받아 위대한 이집트 제국을 건설한 프톨레마이오스(Ptolemaios) 왕은 새로 지은 도시 알렉산드리아에 신전과 성벽을 짓고 신에게 영광을 바쳤다. 어느 날 그가 깊이 잠들었을 때 꿈속에서 매우 잘생기고 수려한 몸매를 가진 젊은이가 나타나 왕에게 깨도록 명령한다. 왕은 이 젊은이의 초상을 가져오도록 자신의 절친한 친구를 폰투스(Pontus, 소아시아에 있던 고대 왕국)로 보낸다. 신(젊은이)은 엄청난 행운과 번영, 그리고 신성함을 왕에게 약속한다. 그리고 왕이 신을 우러러보자 그는 활활 타는 불꽃으로 변해 하늘로 올라갔다.

이 전설이 가지는 장점은 다른 세계에서 넘어들어 온 새로운 신에게서 종교정치적인 의미를 끌어내는 데 더없이 적절한 내용을 가진다는 것이다.

---

3. Tacitus, 『역사』(*Historia*) IV, 83-4쪽.

프톨레마이오스 1세(기원전 305~238)는 이로써 이집트 왕국의 수도인 알렉산드리아가 세계적인 도시로 발돋움할 수 있도록 이집트인들에게 자부심을 준 것이다. 알렉산드리아의 수호신인 세라피스는 이집트인들뿐 아니라 그리스인들에게도 숭배의 대상이었고 결국 프톨레마이오스 왕국의 국가신으로 부각되었다. 세라피스 신과 관련해 주목할 일은 왕국의 공식적인 신앙고백이 "세라피스를 통해 이시스와 그외의 신들에게 바침"이라는 문구로 정착되었다는 점이다. 세라피스를 구원자로 여겨 숭배하던 믿음은 프톨레마이오스 왕국의 국경을 넘어섰고, 그의 성스러운 탑인 세르피엔(Serpieen)은 로마 제국 곳곳의 광범위한 지역에 세워졌다.

페르샤에서 유래한 미트라(Mithras) 신에 대한 숭배는 1세기 이후 로마 제국에 널리 퍼졌다. 미트라 신이 널리 퍼진 이유는 신을 섬기는 제의가 여성들에게는 배타적이었고 주로 군인들이 중심이 되는 종교의식이었기 때문이다. 로마 제국의 군사 경계에는 미트라의 신성한 탑인 미트렌(Mithräen)이 세워졌고, 군인들은 탑이 세워진 성소인 그라니손소르텐(Granisonsorten)에서 제의를 가졌다. 도나우 강과 라인 강을 잇는 지역에서도 미트렌은 많이 발견된다. 이들 중 대표적인 아름다운 탑으로 살부르크(Saalburg)의 타우누스(Taunus)[4] 산에 세워진 미트렌을 꼽을 수 있다. 그 외에도 미트렌은 1954년 영국 런던 지역과, 특이하게도 로마의 클레멘스 사원 밑에서도 역시 발견되었다. 미트렌 탑의 지하에는 비교적 작은 공간이 있어, 많으면 약 100명 정도가 들어갈 수 있다. 이 공간은 보통 폭은 좁고 길게 뻗어 있는데, 앞 제단의 뒤쪽에는 아피스가 서 있고 양 옆의 벽을 따라 돌담이 늘어섰는데, 신자들을 위한 것으로 보인다.

로마 군인들은 미트라의 숭배자가 되면서 아주 강한 조직력을 겸비하게 되었는데, 이런 현상은 같은 신을 숭배했던 고대 이란의 남성 조직에서도 발견된다. 미트라의 신화에는 신의 세계가 일곱으로 나뉘어 있고 그 우두

---

4. 독일 라인 지방에 있음.

머리는 "아버지 중의 아버지"(Pater Patrum)가 차지한다. 어떤 이가 미트라 공동체에 들어가려면 성스런 통과의례를 거쳐야 하며, 기독교의 세례의식과 비슷한 면이 있다.

미트라 제의의 중심에는 황소를 죽이는 의식이 있고, 이는 미트라 신이 젊은 날에 황소를 죽였다는 신화를 근거로 한다. 신화 속의 사건을 제의를 통해 재현시키려는 종교적인 성향은 삶의 풍족함과 숙명적인 고통에서의 해방, 그리고 영원한 삶의 보장 등에 대한 염원을 나타낸다.

후기 고대의 로마 제국에서 보여지는 종교 혼합주의적인 상황은 비단 기원을 달리하는 수많은 밀교들을 내포하고 있을 뿐 아니라 그 밀교들의 수많은 제사의식들을 통해 동시대 종교에 대한 각종 지식을 제공한다. 376년에 발견된 한 문서에서는 타우로볼리움(Taurobolium)이라는 제의에 대해 말해준다. 타우로볼리움은 원래 황소를 바치고, 그 피로 세례를 주는 형식의 제사의식이다. 문서에 보면 이 제사의식의 주인은 "아버지 중의 아버지"인 미트라이다. 그는 또한 신비주의자들이 바치는 밀교의식의 대상이며 부인으로는 소아시아를 기원으로 하는 지옥의 여신 헤카테(Hekate)를 두고 있고, 디오니소스를 열렬히 숭배했다. 이외에도 미트라는 "위대한 어머니"와 그녀의 애인 아티스와 더불어 종종 예배의 대상이 되곤 한다.

> 위대한 신들에게, 신들의 어머니와 아티스, 존경받아 마땅한 주인이신 아에데시우스(Aedesius), 아프리카 법정의 이름모를 수호자, 왕의 보좌로 모든 청원과 행정의 대리자, 수상의 대리자, 총독의 대리자, "아버지 중의 아버지"인 꺼지지 않는 태양의 신 미트라. 그는 헤카테 위에 있으며, 디오니소스의 주인이시며, 황소 제사를 통해 영원히 사시는 분이다. 제단을 깨끗이 하라.[5]

---

5. *Corpus Inscriptionum Latinarum* VI 510; Kurt Latte, *Die Religion der Römer und der Synkretismus der Kaiserzeit* (Tübingen 1927) 44쪽 이하.

로마 제국에서 발견되는 갖가지 밀교적인 종교의식들과 더불어 다양한 모습들을 가지는 종교철학적인 흐름들도 주목해 볼 만하다.

스토아(Stoa) 학파: "석조전식 현관"이라는 뜻을 가진 스토아 학파의 창시자는 제논(Zenon)이고, 기원전 3세기경부터 본격적으로 세력을 떨치기 시작했다. 스토아 학파의 유명한 인물로는 세네카(Seneca, 기원전 4~서기 65)와 아우렐리우스(Marc Aurel, 161~180)를 꼽을 수 있다. 스토아 학파의 중요한 가르침은 그들의 윤리에서 발견되는데, 대단히 도덕적이며 덕스러운 삶이 세계질서에 가장 잘 부합한다고 이해했다. 여기서 규정하는 세계질서란 존재하는 모든 신들의 힘에 근본을 둠으로써, 결국 보편적인 범신론(Pantheismus)을 인정한 꼴이 된다. 그러나 스토아 학파에서는 비록 우회적이기는 하지만 유일신 사상도 발견된다. 스토아 학파의 한 사람인 클레안테스(Kleanthes, 기원전 331~233)는 제우스 찬가(Zeus-Hymnus)에서,

  영생하시는 지극히 높으신 분
  많은 이름을 가지고 계신 분
  영원한 전능하신 분 제우스
  모든 존재의 원천이며
  그의 영원한 법에 따라
  모든 사물을 다스리신다
  제우스 신에게 절을 드리자
  오직 하나뿐인 그분에게 인사를 드리자
  온 땅에 있는 움직이는 모든 것들은
  그의 모습을 본뜬 것들에 불과하다
  우리는 그의 자손이고
  나는 항상 그를 찬송한다
  온 땅의 건물은 그에게 복종하고

당신이 다스리는 무기로 닦여진 길을 걸어가고
우뚝 솟고, 빛나며, 타오르며 꺼지지 않는 영원한 빛
모두들 두려워하니 … 하늘의 왕, 삼라만상의 왕

에피쿠로스 학파: 스토아 학파의 가르침들이 오늘날까지도 하나의 공평하면서도 보편적인 덕목으로 평가받는 반면, 에피쿠로스 학파는 향락주의적인 삶에 그 의미를 두었다고 간주된다. 그리스의 철학자 에피쿠로스(Epikurs)의 가르침을 따르는 이 학파는 고통과 불안으로부터 자유로워짐에 인간의 행복이 있다고 믿었다. 그러나 부분적으로는 스토아 학파에서처럼 덕을 중요시한 면도 발견된다.

영지주의(Gnosis): 영지주의 사상은 2세기경에 헬레니즘 세계에 큰 영향력을 발휘했다. 이들이 끼친 영향은 다양한 분야에서 발견되고, 특히 기독교의 이단사상으로 잘 알려져 있다. 영지주의라는 사상은 외적으로 대단히 통합적인 색채를 띠지만, 우주론과 인간론에서는 오히려 강력한 이원론적인 체계가 발견된다. 영지주의에 따르면 모든 질료의 원래 신은 힐레(Hyle)라고 불리는데, 악의 세력에 그만 힘을 잃고 만다. 따라서 이 세상은 선한 신의 창조물이 아니라 데미우르구스(Demiurgus, 플라톤이 말하는 세계의 창조자)가 만든 것이다. 즉, 세상과 그 속에 사는 인간들 속에는 영적 요소와 물질적 요소가 한데 섞여 있는 셈이다. 물질적인 육체 안에서 눌려지내는 영적인 능력은 그노시스(지혜 혹은 앎)를 통해서만 자유로워질 수 있고, 또한 그렇게 되어야만 한다.

황제숭배(Kaiserkult): 황제에 대한 종교의식은 로마라는 거대한 종교 세계에서 원칙적으로 전체를 지배하는 힘을 가지고 있었는데, 바로 이때문에 초대교회의 그리스도인들은 박해를 당했다. 통치자(로마 황제)를 신격화하는 전통은 로마 이전에 이미 고대세계에도 있던 것이며, 특히 알렉산더가 이룩한 제국에서 그 후계체계를 형성할 때 골격을 이룬 적이 있다. 그외에 당시 동방종교들 중에서도 황제에게 신성을 부여한 전통이 발견된다.

주님(Kyrios), 전능자(Pantokrater), 구원자(Soter) 등은 흔히 황제의 신성을 대변하는 호칭으로 붙여졌다. 이 호칭들은 황제에 대해서뿐만 아니라 어떤 독특한 지위를 가진 인물에게도 적용되었는데, 이를테면 당시 태동기에 놓여 있던 그리스도교에서 이 호칭들을 수용했다. 이런 현상은 종교사적으로 볼 때 매우 의미있는 것이며, 여기서부터 이른바 "논쟁적 대비"(Polemischer Paralleismus)[6]라는 개념이 등장한다.

황제숭배에서 역사적으로 전제해 둘 것은 왕권을 지키기 위해 이 종교가 제국의 동쪽뿐 아니라 서쪽 끝까지 광범위하게 퍼져 있었다는 점이다. 그러나 로마가 세계 제국이 된 직후부터 왕들에게 신성이 부여된 것은 아니었다. 비록 아우구스투스 황제는 그가 통치하던 당시에 극작가 버질(Vergil)의 글을 통해 로마라는 도시 내에서 대단한 존경을 받기는 했지만, 살아 있는 동안에 신으로 추앙받지는 못했다. 아우구스투스와 그 후계자들도 그들이 죽은 후에야 로마의 국가신들의 반열에 끼여들 수 있었다.

살아 생전 로마 제국에서 공식적으로 신의 성스런 모습을 얻게 된 황제는 마르쿠스 아우렐리우스의 아들인 코모두스(Commodus)였으며, 그는 180~192년에 로마를 통치했다. 황제를 신격화한 가장 두드러진 예는, 3세기경에 아우렐리우스 황제를 신과 동격에 놓아, "주님이며 신"(dominus et deus)이라고 불렀다는 사실이다. 이는 원래 미트라 제의에서 "패배를 모르는 태양"(sol invictus)에 대한 숭배가 황제에 대한 공경과 함께 묶여진 경우라 할 수 있다.

참고문헌: Franz Altheim, *Römische Religionsgeschichte* (Berlin 1956); Ugo Bianchi, *The Greek Mysteries* (Leiden 1976); Walter Burkert, *Griechische Religion der archaischen und klassischen Epoche* (Stuttgart 1977); Franz Cumont,

---

6. 이 개념은 Adolf Deißmann, *Licht vom Osten* (Tübingen 1908) 247쪽에 처음 등장했음.

Die orientalischen Religionen im römischen Heidentum (Leipzig/Berlin 1931); 같은 이, *Die Mysterien des Mithra* (Darmstadt 1963); Gustav Herbig, *Religion und Kultus der Etrusker* (Breslau 1922); Karl Kerenyi, *Die Religion der Griechen und Römer* (München 1967); Hans Leisegang, *Die Gnosis* (Stuttgart 1955); Martin P. Nilsson, *Geschichte der griechischen Religion* (München 1967-1974); Walter F. Otto, *Die Götter Griechenlands* (Frankfurt a. M. 1956); Ambros Josef Pfiffig, *Religio Etrusca* (Graz 1975); Karl Prümm, *Religionsgeschichtliches Handbuch für den Raum der altchristlichen Umwelt* (Rom 1954); Hugo Rahner, *Griechische Mythen in christlicher Deutung*, (Zürich 1966); Herbert Jennig Rose, *Griechische Mythologie* (München 1978); Fritz Taeger, *Charisma. Studien zur Geschichte des antiken Herrscherkultes* (Stuttgart 1957-1960); Carl Olof Thulin, *Die etruskische Disziplin* (Darmstadt 1968); Otto Wilhelm von Vacano, *Die Etrusker. Werden und geistige Welt* (Stuttgart 1955); Maarten J. Vermaseren, *Mithras. Geschichte eines Kultes* (Stuttgart 1965); 같은 이 편, *Etudes preliminaires aux religions orientales dans l'empire romain* (Leiden 1961-); Antonie Wlosok 편, *Römischer Kaiserkult* (Darmstadt 1978).

3. 마니교

4세기경, 그러니까 그리스도교가 아직 유년기에 머물러 있을 때에 페르샤의 왕손인 마니(Mani, 216~277)에게서 시작된 마니교(Manichäismus)가 근동 지방에서 성행했다. 마니교의 매력적인 가르침들은 즉시 널리 퍼져나갔고, 당시에 지성으로 일컬어지던 사람들도 이에 깊은 영향을 받았는데, 대표적인 예로 아우구스티누스 교부를 들 수 있다. 그는 그리스도인으로 개종을 하기 전인 376~384년 사이에 아주 열심인 마니교 신자였다고 한다.

당시에 마니교는 그 가르침의 내용이 종교적으로 중요한 가치를 가졌고, 또한 넓은 종교 지역에 퍼져 있었기 때문에 세계종교로 평가하기에 손색이 없다. 메소포타미아, 시리아, 이집트, 북아프리카뿐 아니라 스페인과 남부 갈리아 지방에서도 영향력을 끼쳤던 마니교는 4세기경에 이르러 드디어 로마에 도달한다.

그러나 마니교는 서구 사회에서 한번도 만족할 만한 위치에 오르지는 못했는데, 그리스도교가 로마 제국이라는 후광을 업고 호교론적인 방어를 펼쳐, 마니교를 일개 페르샤 종교로 간주했기 때문이다. 그래서 마니교를 배척하기 위해 297년에 아프리카 총독인 율리아누스(Julianus)에게 디오클레티안(Diokletian) 황제가 내린 칙령에 보면, 마니교는 괴물로 묘사되고 로마 제국과 적대관계에 있던 페르샤 제국의 상징으로 표현되어 있다. 그후로 382년부터 로마 제국 내에서 마니교를 믿는다는 행위는 바로 죽음을 의미했다.

그와 반대로 동방에서는 마니교가 상당한 세력을 떨쳤고, 유구하고도 의미있는 종교 역사를 가진다. 마니교도들은 우선 이슬람의 옴미아드 왕조

(Omaijad, 661~750) 시대에 번영을 누렸고, 뒤따르는 아바스(Abbas) 왕조에 의해 소극적인 박해를 당했다. 중앙, 동부 아시아권까지 전파된 마니교는 위구르(Uigur) 왕조의 부국 왕(Bugug Khan)에 의해 762년에 국교가 될 정도로 큰 영향을 끼쳤다. 이로 인해 마니교의 교회는 중국에서도 일종의 외교적인 보호를 받았고, 14세기까지 중국에서 명맥을 유지했다. 내륙 아시아에서 마니교가 더 이상 명맥을 누리지 못하게 된 것은 몽고 제국이 강대해지면서부터이다.

이처럼 번영을 누리던 마니교가 비록 공식적으로는 그 입지를 상실했지만, 마니교의 사상은 널리 퍼져 두 가지 조류로 유럽의 종교 역사에서도 의미를 가진다. 이른바 "신(新)마니"라는 운동이 10세기경 불가리아 제국에서 시작되었는데, 후에 발칸과 소아시아로 퍼져나가 14세기말까지 지속되었다. 이 "신마니"운동은 아마도 남서 유럽간의 무역을 통해 12세기에는 프로방스와 북이탈리아에 전해졌을 것이며, 그곳에서 "카타러"(Katharer)라고 불리는 마니교의 사상이 새롭게 잉태되었으나, 곧이어 마니교는 그리스도교에 의해 박해를 받게 된다. 카타러를 어원학적으로 보자면 카타로이(Katharoi), 즉 "깨끗한 자들"이라는 그리스어에서 기원을 찾을 수 있는데, 바로 이 "깨끗한 자들"이라는 말이 마니교도들의 표시였다. 따라서 그리스도인들은 "깨끗한 자들"을 색출해 내기에 총력을 기울였으며, 그 영향으로 카타러는 유럽어권에서 "이단자"(Ketzer)라는 뜻을 더하게 되었다.

마니교기 세계저으로 퍼져나가는 데는, 교도들이 정열적으로 세계 곳곳에 선교여행을 떠나고, 또한 가는 곳마다 교회를 세웠기 때문이다. 동쪽으로는 인도까지, 서쪽으로는 로마 제국의 국경에 이르기까지 마니교는 그 세력을 뻗어나갔고, 이는 사도 바울로의 세 번에 걸친 전도여행(사도행전 참고)에 영향을 받은 것으로 보인다. 마니교도들의 전도여행을 살펴보면 어떤 독특한 종교지리학적인 사고를 읽어볼 수 있는데, 이를 통해 거대한 여행과 교회의 설립이 가능했다. 마니교의 문헌에 보면,

이제까지의 종교는 단지 한 나라와 한 언어에만 구속되어 있었다.
그러나 우리 종교는 모든 나라에서 모든 언어로 가르쳐진다.[7]

마니교도들이 전도에 기울이던 노력은 우선 페르샤 제국의 사산조 왕들로부터 큰 후원을 얻었다. 그러나 바람 1세(Bahram I)에 들어서 조로아스터교가 부흥기를 맞으면서 상황은 급격하게 바뀌었다. 조로아스터교의 사제들은 마니교에 대한 불평을 하기 시작했고, 곧이어 마니교의 지도자들은 감옥에 갇힌다. 마니교의 기초를 놓은 인물인 마니는 277년 2월 6일에 감옥에서 사망했는데, 아마 혹독한 고문이 그 원인이었던 것 같다.

마니교의 가르침에 보면, 그 중심에 이원론적인 영지주의가 서 있음을 알게 된다. 세계가 이루어져 나가는 모습은 하나의 통일된 체계로 정의되고, 그 구조 안에 사는 인간은 궁극적인 구원을 지향하는 존재이다. 그리고 우주론, 인간론, 구원론 등은 이런 기본적인 사고방식에 맞추어 설명된다. 마니는 창조 이전에 서로 첨예하게 대립되는 두 개의 원칙이 있었다고 했는데, 이는 곧 신과 질료(Hyle)이고, 이들은 낮과 밤이란 모습으로 상징화된다. 이처럼 마니교가 가지는 대립적인 이원주의, 그리고 이를 뒷받침하는 영지주의는 그리스도교의 세계관과 필연적으로 대립될 수밖에 없었다. 다시 말하면, 마니교의 이원적인 세계관과 인간관은 세계창조를 선재하는 질료의 도움 없이 온전히 하느님 홀로 이루었다(creatio ex nihilo)는 그리스도교의 창조론과 도저히 공존할 수 없었다는 뜻이다.

또한 마니는 신화적인 언어와 그것을 통해 세계를 설명하는 데 많은 노력을 기울였다. 우리 눈에 보이는 현상세계란 이미 두 가지 대립되던 원칙이 합쳐진 상태인데, 이를 두고 마니는 어둠의 악마가 빛의 세계를 정복했기 때문이라고 설명한다. 따라서 이렇게 주어진 세계질서는 재조정되어야 하고, 궁극적으로는 창조 당시의 상태로 되돌아가 영원성을 획득해야 한다.

---

7. F. C. Andreas und W. Hennig, *Mitteliranische Manichaia aus Chinesisch-Turkestan* (Berlin 1933) 295쪽.

인간이란 세계의 유비로서 그 안에 두 가지 원칙이 섞여진 존재이다. 또한 인간과 세계를 소우주와 대우주로 바꾸어 말할 수도 있는데, 바로 이것이 마니교의 인간 이해에 결정적인 역할을 한다. 인간은 이성을 갖추고 있으며, 같은 신조를 가진 이들끼리 모여 집단을 이룬다. 빛과 어둠, 선과 악이 어떻게 합쳐져 세계가 만들어졌는지 꿰뚫어볼 수 있다. 여기서 인간은 세계질서의 단순한 참여자 역할을 벗어나 자신의 윤리의식을 통해 선과 악의 우주적인 싸움에 동참한다. 인간은 자신의 신념이나 풍습에서 익혀진 기준들을 과제로 삼아 정진하면 우선 질료에서 자유로워져 빛의 세계로 나아가고, 빛을 경험하여 신 자신이 될 수 있다. 그러나 이 모든 과정은 마니교의 시각에서만 가능한 일이다. 인간의 영혼과 신이라는 존재는 근본적으로 동등하다고 간주한 마니교의 사상은 아우구스티누스가 마니교도였던 시절 그에게 큰 영향을 끼쳤다.

마니교의 윤리적인 가르침은 완전히 금욕적인 성격을 가진다. 이는 이른바 "세 개의 봉인"이라는 계명으로 요약할 수 있다.

첫번째, 입의 봉인은 고기와 피와 술을 멀리하라는 계명으로, 이를 따르면 저주를 피할 수 있다. 두번째로, 손의 봉인은 빛의 세계로 나아가는데 방해가 되는 갖가지 행위에서 건져주고, 마지막으로 가슴의 봉인은 남녀관계에서 금욕을 요구한다. "세 개의 봉인"에서 알 수 있듯이 진정한 마니교도가 되려면 수도승적인 상태가 요구된다. 또한 이런 계명들이 빚어낸 결과로 일종의 계급이 형성되었다. 마니교도들 중에서 소위 "뽑힌 이"(electi)는 사유재산이 없는 걸인 수도승으로 일생을 보내야 한다. 모든 마니교의 문헌들은 이들에게 끊임없는 방랑을 명령한다. 이와는 반대로 세상적인 직업과 그에 따른 평범한 인생을 살아가는 평신도들은 "듣는 이들"(auditores)이라고 불린다.

"뽑힌 이"와 "듣는 이"의 대표적인 차이는 개인적인 종말론에서 찾아볼 수 있다. "뽑힌 이"에게 죽음이란 그의 삶이 이제 질료의 세계에서 벗어났다는 뜻이며, 그의 영혼과 빛의 세계는 바야흐로 하나가 된다. "듣는 이"들에게도 구원의 가능성은 열려 있는데, 단지 이들이 "뽑힌 이"의 육체 안으로 들어갈 수 있다는, 이른바 "영혼의 윤회"를 믿을 때만이다. "영혼의 윤회", 즉 인간의 영혼이 이리저리 옮아다닐 수 있다는 사상을 마니교에서는 "바꿔부음"(Umgießung)이라는 말로 표현한다.

참고문헌: Alfred Adam, *Texte zum Manichäismus* (Berlin 1969); Ferdinand Christian Bauer, *Das manichäische Religionssystem* (Göttingen 1928); Francois Decret, *Mani et la tradition manicheenne* (Paris 1974); Otakar Klima, *Manis Zeit und Leben* (Prag 1962); Henri-Charles Puech, *Le Manicheisme, son fondateur, sa doctrine* (Paris 1959); Steven Runciman, *The Medieval Manichee. A Study in the Christian Dualist Heresy* (Cambridge 1947); Geo Widengren, *Mani und der Manichäismus* (Stuttgart 1961).

③
그리스도교 이전의 북구 유럽 종교들

아랍의 예언자 무함마드가 죽은 지 100년 지난 732년에 칼 마르텔(Karl Martel)이 프랑크 왕국의 뚜르와 포이티 사이의 대평원에서 무슬림 군대를 처음으로 물리쳤다. 사실 이때까지만 해도 동방에서 들어온 종교인 그리스도교는 북구 유럽에서 중세 시대처럼 압도적인 지위를 누리지 못했었다. 대륙을 떠돌아다니며 살아가던 그리스도교화된 부족들은 가는 곳마다 그 지역 원래의 종교들과 부딪쳤고, 이를 통해 어떻게 그리스도교의 고유함을 지켜나갈 것인가라는 과제를 안게 되었다. 이처럼 토속종교 요소들을 극복해 나가는 길이 곧 그리스도 교회가 북구 유럽에서 커나가는 과정이라 정의내릴 수 있다.

참고문헌: Peter Buchholz, *Bibliographie zur alteuropäischen Religionsgeschichte 1954-1964* (Berlin 1967); Jan de Vries, *Kelten und Germanen* (München 1960); David M. Wilson 편, *The Northern World. The History and Heritage of Northern Europe 400-1100 n. Chr.* (London 1980).

1. 켈트 종교

켈트(Kelt)족의 종교와 전설의 세계에서 보여주는 신비함과 영광은 오늘날까지도 그 빛을 잃지 않고 있다. 아더(Athur) 왕이 핀(Feen) 왕국에서 보았던 황홀경이나 그의 귀환을 애타게 기다리던 모습들, 켈트족 전설에 묻혀 있는 성스러운 그랄(Gral), 마술사 머린(Merlin), 구전으로 켈트족에게 내려오던 신비에 싸인 사제 드루이덴(Druiden), 그는 인간을 제물로 바치던 제의 풍속의 원인을 제공한 인물이다. 아무튼 이들 모두는 켈트 종교의 원래 모습을 보여주는 예라 하겠다. 기원전 9세기 이후로부터 켈트 종교는 남부와 동부 유럽, 갈리아 지방 그리고 영국의 섬들로 퍼져나가기 시작한다. 영국의 섬들에 퍼진 켈트 종교에 대해서는 서로 다른 여러 가지 설명들이 있어 분명한 입증은 불가능하지만, 몇몇 신성들에 대해서는 유럽 대륙과 영국 섬들 사이에 공통점들을 발견할 수 있다. 공통점을 보여주는 가장 뚜렷한 자료는 시저(Caesar)가 쓴 『갈리아 전기』 6권에 나온다.

모든 갈리아 나라들은 아주 강한 종교의식을 가지고 있었다.

고대 연구에서 증명되었다시피, 갈리아 종교들의 특성은 전체적으로 보아 켈트 종교와 일맥상통한 면이 있고, 단편적으로는 언어적인 유사성도 발견된다. 특히 제사의식에 사용되는 말들을 통해 켈트 종교 고유의 언어적인 특성이 나타난다.

켈트 종교에서 눈에 띄는 것으로 우선 신성한 자연의 힘에 대한 숭배를 꼽을 수 있는데, 어떤 신성한 땅이나 강 등에는 그것을 보호해 주는 영이 존재한다. 갈리아 지방의 켈트족은 사이네(Seine) 강이 시작되는 샘을 신성하게 여겼고, 오늘날에는 이곳을 니메스(Nimes)라 부르며, 켈트족의 수호신 혹은 정령을 뜻한다. 또한 보르보(Borvo)는 온천지의 신성함을 가리키는데, 여기서 따온 부르봉(Bourbon)이라는 명칭이 지명으로 변해 현재까지도 쓰이고 있다. 그외에도 마트로나(Matrona)는 마르네(Marne)의 수호신이고 베송티오(Vesontio)는 베상송(Besançon)을 지키는 정령이었다.

필리누스(Pilinus)는 그의 저작인 『자연의 역사』(Natralis Historia) 16장에서 켈트족이 신성하게 여기고 있던 나무들 가운데서 떡갈나무가 가장 높은 위치에 있었다고 전해준다. 떡갈나무가 유독 신성하게 여겨진 이유는 이 나무 안에서 기생목이 자라는 신기한 현상 때문이라고 한다. 따라서 떡갈나무 숲은 신성한 장소가 되었고, 종종 이곳에서 종교 제의가 치러지기도 하였다. 켈트족은 떡갈나무 외에도 여러 가지 나무들을 신성하게 여겼는데, 지역의 이름들이 켈트족이 붙인 나무 이름들에서 기원하였다. 르모비스(Lemovice)들은 오늘날 리무진(Limousin)에 사는 골족인데, 자신들이 느릅나무(Lem)와 밀접한 관계를 맺고 있다고 느꼈다. 독일의 아헨(Aachen)과 뤼티히(Lüttich) 사이에 위치하며, 갈리아(Gallia)에 자리잡은 에브론(Ebrones)의 다른 이름으로는 이보르(Ibor)가 있는데, 상록수를 일컫는다.

켈트족은 동물 중에서 말을 가장 신성한 짐승으로 여겼고, 말 여신의 신성함을 에포나(Epona)라 하였다. 아르토스(Artos)는 곰을 두고 붙여진 이름이고, 타르부스(Tarvus)는 황소, 브라노스(Branos)는 까마귀를 가리키는데, 모두 이런 동물들의 신성함을 뜻하는 명칭들이다.

켈트족에는 또한 인간의 모습을 가진 신들도 매우 많았고, 이런 신들은 켈트족이 살던 지역에 넓고 다양하게 퍼져 있었다. 따라서 인간의 모습을 띤 신들이 켈트족 내에서 종교적으로 통일된 모습을 가질 수 없었다. 이 신들 중 비교적 역사가 길고 다른 신들에 비해 높은 위치에 있던 신은 루그(Lug)였다. 아일랜드 지역에서 루그는 모든 아름답고 오묘한 것들의 보호자였고, 일면 전쟁과 관련을 가지기도 한다. 갈리아 지방에는 루그를 모시는 루그두눔(Lugdunum)이라는 신전이 있었는데, 이는 "루그의 굳건한 자리"라는 뜻이다. 이와 언어적인 유사성을 가진 단어로 프랑스 리용의 옛날 자리에 있던 신전 지역명을 들 수 있다.

다그다(Dagda), 이른바 "선한 신"은 올아티어(Ollathier)라는 이름으로도 불리어지는데, 이는 "모든 신들의 아버지"라는 뜻이고 아일랜드 신들의 우두머리격이다. 그는 언제나 끓어서 넘쳐나는 냄비를 가지고, 받는 이 누구라도 싫증나지 않게 자비를 베푼다.

다그다의 남동생 오그마(Ogma)는 갈리아 지방의 켈트족에서 유래된 이름이다. 그의 아일랜드식 이름은 맥 엘라탄(Mac Elathan)이며, "학문의 아들"이라는 뜻을 가진다. 말 그대로 오그마는 지혜의 수호신이다. 그는 대략 1세기경부터 쓰여지게 된 오감-알파벳(Ogam-Alphabet)을 만든 이로 알려져 있다. 그리고 루키안(Lukian)은 언어(Logos)와 관계가 있는 신이다. 어떤 켈트인이 루키안을 두고 노래한 것을 보면,[1]

> 그가 만일 백발이 된다 하여도 나는 당신에게 의심을 품지 않으리라, 왜냐하면 노년에 접어들수록 그의 로고스는 더욱 날카로워지기 때문이지.

말이 끄는 수레를 타고 불 위를 힘차게 달리는 바다의 신 마나난(Manannan)은 또한 바다에 놓인 "축복의 섬"들을 지배하는 이다. 그의 별명은 마그 리어(Mag Lir)로, "바다의 아들"이라 번역할 수 있는데, 종종 "섬사람"이라는 뜻과 혼용되기도 한다. 초기 기독교 시절에 아일랜드에서 씌어진 문헌에 보면,

> 그는 바다의 최고 항해사이다. 그는 하늘의 요청, 즉 하늘의 변화를 보아, 모든 시간의 움직임을 읽어내고, 좋은 날씨와 나쁜 날씨를 만든다. 겔

---

[1] *Lukian, Herakles*, C.1: Wolfgang Krause, *Die Kelten* (Tübingen 1929) 5쪽.

(Gälen)² 사람들과 브리튼(Briten) 사람들은 그를 두고 바다의 신, 혹은 바다의 아들(Mag Lir)이라고 부른다.³

아일랜드 왕권의 수호신이며, 전설 속에서 아일랜드 왕가의 창시자로 자리 잡고 있는 신은 누아다(Nuada)이다. 누아다는 웨일즈의 누드(Nudd)와 같은 신이고, 언어적인 유사성으로 볼 때, 고대 영국의 누돈(Nudon) 신과 일치한다.

토이타테스(Teutates)는 모든 켈트족의 조상으로 추앙받은 신이다. 이런 배경을 전제로 한다면, 토이타테스라는 말은 "민족의 왕"이란 뜻을 가질 가능성이 매우 높다.

갈리아 지방의 켈트족은 특히 에수스(Esus) 신과 타라니스(Taranis) 신을 숭배했는데, 이 두 신들은 제물로 사람을 요구했다.

켈트족의 선조 중 하나이며, 죽음의 신이기도 한 돈(Donn)은 "어둠"이라는 뜻을 가진다. 돈이라는 존재는 아일랜드에 살던 켈트족에게 강한 영향을 끼쳤고, 죽은 이들의 세계를 부분적으로 다스리는 신으로 알려졌다. 기원전 9세기경에 아일랜드에서 지어진 어떤 시에 보면,⁴

> 여기 작은 돌산들은 그의 혈족에서 나온 것이다.
> 이곳은 돈의 집이며, 어떤 이들은 "우리의 고향"
> "넓은 바다 같은 곳", 혹은 "성스러운 곳"이라 부른다.
> 여기는 그가 가진 힘의 근원이며, 그의
> 다양한 후손들을 위한 곳이다.
> 돈은 말한다: 누구든지 목숨을 다하면, 나에게,
> 나의 집으로 와야 한다.

---

2. 켈트의 일족으로 고산 지대에 살았다.
3. Wolfgang Krause, 같은 책, 8쪽.
4. Wolfgang Krause, 같은 책, 10쪽.

켈트족의 수많은 신들 중에 앞에 거론되었던 에포나(Epona)말고도, 영국의 켈트족에게는 시의 신이며, 봄의 여신으로 공경받던 브리기트(Brigit)가 있었다. 브리기트는 "빛나는 햇살", 혹은 "강함"으로 번역될 수 있다. 초기 그리스도교 시대에 아일랜드 지역 언어로 씌어진 문헌에 보면,[5]

> 브리기트, 우리의 보호자시여, 다그다의 따님, 브리기트는 가르침의 신이며, 우리가 존경하는 시인의 신이시다. 그녀의 보살핌은 측정할 길 없고, 넓은 세상에 두루 알려졌다. 그래서 우리들은 그녀를 시인의 신이라 부르며, 그녀의 자매들인 치료의 여신 브리기트나 베짜기의 여신 브리기트 역시 모두 다그다의 딸들이다. 그녀의 이름을 좇아 모든 아일랜드의 여신들 역시 브리기트라 부르게 되었다.

마르네(Marne)에서 유래된 마트로나(Matrona)는 특히 미술 작품에 많이 등장한다. 라인 강 지역에서 마트로나는 집단적인 신들을 가리키는데, 이는 세 명의 마트로네(Matronae)로 이루어져 있고, 강을 배경으로 하는 종교와 같은 관계를 맺는다. 여기서 이들은 흔히 "자궁의 열매"라고 불리거나 종종 머리에 뿔을 달고 등장하며, 하는 일은 땅의 비옥함과 거기서 산출되는 풍성한 농작물과 관계가 있다.

  켈트 종교의 사제들은 언제나 높은 곳에 서 있어, 숭배의 대상으로 부각되었다. 그들은 드루이덴(Druiden)이라 불리고, 각 종족의 특성에 맞게 약간씩 성격을 달리한다. 드루이덴이란 이름을 언어학적으로 분석해 보면, 접두어인 드루(dru)는 비드(vid)라는 단어에 뿌리를 두고, 이는 "보다", "알다", "이해하다" 등의 뜻을 가진다. 미루어보건대, 드루이덴은 무엇인가를 확실히 보고 분명히 아는 사람, 즉 "지혜로운 존재"로 행세했을 가능성이 높다. 사제 조직 내부에 계급적인 질서를 가지고 있었던 드루이덴은 긴

---

5. Wolfgang Krause, 같은 책, 8쪽.

학습 기간을 거쳐야만 사제로 인정을 받았다. 그들은 학습을 통해서 역사와 주술을 습득하고 법적인 지식도 얻었는데, 이를 통해 드루이덴은 종교적인 과제 외에도 재판관의 역할을 담당하곤 했었다.

사제들의 중심 과제인 제의는 주로 굴이나 샘 앞에서 이루어졌고, 무엇보다도 신성한 숲에서 행해졌다. 켈트족 고유의 신전이 세워지게 된 때는 로마의 지배가 시작되면서부터였고, 로마식 건축 양식이 많이 도입되었다.

켈트족이 지내던 제사에는 희생제물을 바치는 일이 그 정점을 이루었고, 주로 동물을 제물로 사용했지만, 사람을 바치는 적도 있었다. 사실 당시에 사람을 제물로 바치는 일은 보편적이었다고까지 말할 수 있다. 제물로는 주로 전쟁 포로나 노예, 드물게는 자유민도 쓰이곤 하였다.

켈트 종교의 윤리에 대해서는 거의 알려져 있지 않고, 다만 종교적인 범위 내에서 어떤 식으로든 영웅적인 행동을 하는 것이 윤리적인 요구로 가르쳐졌다고 한다.

켈트인들은 사람이 죽은 후에도 계속 삶이 이어진다고 믿었다. 그러나 이런 사상이 고대사상 중에 하나인 "영혼의 방황"과 어떤 관련을 맺고 있었는지는 불분명하다. 죽은 후에는 사람에 따라 두 개의 장소 중 하나로 갈 수 있는데, 하나는 지하세계이고 다른 하나는 "성스러운 섬"이다. 특히 후자는 아더 왕이 심하게 다친 후 황홀경에 빠져서 보았던 곳이기도 하다.

참고문헌: Paul-Marie Duval, *Les dieux de la Gaule* (Paris 1957; Hans Hartmann, Der Totenkult in Irland, Heidelberg 1952; Karl Langosch 편, *Konig Artus und seine Tafelrunde* (Stuttgart 1980); John Arnott MacCulloch, *The Religion of the Ancient Celts* (Edinburgh 1911); Jaques Moreau, *Die Welt der Kelten* (Stuttgart 1958); Marie-Louise Sjoestedt, *Dieux et heros des Celts* (Paris 1940); Rudolf Thurneysen *Die irische Helden- und Königssage* (Tübingen 1979; Hildesheim 1980); Jan de Vries, *Keltische Religion* (Stuttgart 1961).

2. 게르만 종교

켈트 종교와 관련된 문서의 양이 아주 적다는 사실과 비교한다면 게르만 종교의 문서들은 비교적 형편이 좋은 편이다. 그리고 그 문서들을 살펴보면 전체적으로 현대인이 이해하기에 무리가 없다는 인상을 준다. 게르만 종교에 대한 최초의 보도는 북구 스칸디나비아 반도 지역에서 사용되던 고대 게르만 문자인 누네 문자(Nunenschriften)로 씌어 있다. 또한 타키투스(Tacitus)와 시저가 쓴 『게르마니아』(Germania)도 고전적인 가치를 인정받은 광범위한 보도라 할 수 있다. 게르만 종교에 대한 정보는 후에 게르만족이 그리스도교화되는 과정에, 그리스도교 전도사들이 쓴 기록에서도 얻을 수 있다. 그러나, 북구 게르만 종교에 대한 가장 종합적인 자료로는 1220년경 스노리 스툴루손(Sturluson)이 서사시 형식으로 쓴 『에다』(Edda, 고대의 영웅 전설 및 시를 모은 책)라 하겠다.

게르만 신들 중에서 티르(Tyr), 토르(Thor) 그리고 오딘(Odin) 등은 범게르만적으로 동일하게 섬겨지던 신들이다. 남부 게르만식으로 진(Zin)이라고도 불리는 티르는 하늘의 신이며 도시를 다스리는 왕들에게 신성한 보호자 역할을 한다. 흔히 티르는 한 팔만 가진 이로 묘사되는데, 신화에 보면 펜리스(Fenris)라는 늑대가 나타나 티르가 미처 신이 되기 전에 그의 한 팔을 물어뜯었기 때문이다. 티르라는 이름에서 현재 쓰이고 있는 화요일(Dienstag)이라는 요일명이 나왔다.

토르는 "천둥"(Donners)이라는 뜻이며, 남부 게르만인들은 도나르(Donar)라 불렀다. 이 역시 일주일 중 하루인 목요일(Donnerstag)과 어원적으로 큰 관련을 맺고 있다. 그리스도교 교회사에도 이 신의 이름을 발견할 수 있는데, 앵글로 색슨의 전도사인 보니파티우스(Bonifatius)가 724년에 헤센의 가이스마(Geismar) 지역에서 선교적인 이유로 떡갈나무를 베어 냈는데, 바로 이 떡갈나무 아래 토르 신의 거주지가 있었다고 한다.

북구 나라들에서도 토르는 신앙의 대상이었다. 노르웨이에서는 토르를 풀트루이(Fulltrui), 즉 "섬겨 마땅한 이"라고 불렀으며, 므욜니르(Mjölnir)라는 망치를 들고 세계를 위협하는 혼돈의 힘과 싸우는 믿음직한 존재였다.

토르와 관련해 눈에 띄는 기록은 북구 게르만의 서사시에서 발견할 수 있다. 여기에 보면 이제 그리스도교에 의해 게르만 이방종교가 끝이 나면서, 토르와 이별하는 신현(神現)이 나온다. 당시 노르웨이 왕이던 올라프 트리그바손(Olaf Tryggvason, 995~1000)이 최초로 그리스도인이 되면서 우선 자신의 배에 낯선 남자와 함께 타고 어디론가 떠나간다. 그 남자는 왕에게 옛날 이야기 하나를 들려주는데, 그 이야기의 내용을 살펴보면 이 낯선 남자가 바로 토르임을 알 수 있다.

> 주인님, 이야기 하나 들어보시겠습니까? 우리는 이 나라에서 꿈틀거리며 살고 있었지요. 아주 옛날 거인들이 있던 때부터 말입니다. 어느 날 그 거인들은 모두 죽었고, 단지 두 명의 여인만 살아남았습니다. 그후에 동방의 나라들에서 몇몇 사람들이 이곳에 들어왔는데, 두 여성은 이들을 몹시 구박하고 여기에서 이들이 살지 못하도록 빨간 수염에게 도움을 청했습니다. 그래서 나는 나의 망치를 가지고 이들 모두를 죽여 이 땅에 민족을 계속 머물게 했지요. 그들은 내 주위에 언제나 머물렀고, 만일 어떤 왕이 나타나 내 친구들을 죽인다든지 하면 나는 곧 보복을 했습니다.[6]

토르가 이 말을 마친 뒤에 서사시는 다음과 같이 끝을 맺는다.

---

6. Franz Rolf Schröder, *Die Germanen*, Religionsgeschichtliches Lesebuch 12권 (Tübingen, 1929) 73쪽 이하.

그는 말을 끝낸 후 왕을 보고 차갑게 웃었다. 그러더니 배 위를 돌진해 나가 화살을 바다에 쏘았다. 그뒤로 다시는 그를 보지 못했다.

스칸디나비아 반도 외의 지역에서는 보단(Wodan)으로 불리어지던 오딘(Odin)은 모든 신들의 왕이고, 젊은 신들의 우두머리였으며, 과거 신들의 질서인 봐넨(Wanen)과 대조를 이룬다. 바이킹들이 맹위를 떨치던 시절에 오딘은 모든 게르만족이 숭배하는 존재였다.

오딘은 전쟁의 신이고 슬레프니르(Sleipnir, "빠르게 미끄러짐"이라는 뜻)라는 수말을 타고 다니며 사냥을 즐겼다. 그가 사냥을 나갈 때마다 후긴(Hugin)과 무닌(Munin)이라는 사나운 까마귀들이 뒤쫓는데, 이 새들은 전쟁과 살육을 상징한다. 오딘의 여종들은 발퀴렌(Walküren)으로 역시 전쟁의 여신들이며, 이들은 바람을 가르며 날아다녔고, 전쟁터에서 돋보이는 존재이다. 이들 모두는 하늘에 있는 오딘의 집(천국)에 머무르며, 전쟁이 시작되면 나타났다가 전쟁이 끝나면 "싸움터에서 죽은 이들의 집"이라는 곳으로 돌아간다.

오딘은 비단 전쟁의 신일 뿐 아니라 시인의 신이기도 했다. 그는 모든 시와 지혜를 다스렸으며, 그의 지혜를 통해 고뇌의 과정을 거쳐 수많은 신화들이 탄생되었다. 그의 노래에 보면,

나는 아홉 날 아홉 밤을 바람에 흔들리는 나무 위에서 보냈다. 나는 크게 부상을 입었었고, 아홉 날이 지나자 오딘으로 높여졌다. 나는 스스로 있는 자다. 어떤 나무, 어떤 낯선 것, 어떤 뿌리라도 나로 말미암은 것들이다.[7]

"주인"이라는 뜻을 가진 발드르(Baldr)는 빛의 신이다. 세상의 종말을 내용으로 하는 신화는 그의 죽음과 관련이 있다. 과거식 신들의 질서인 봐넨

---

7. *Edda; Havamal* 138.

에 속하는 프레이(Frey), 그의 아버지 뇨르드(Njörd) 그리고 여동생인 프레이아(Freia) 등 세 신은 농부들에게 풍산(豊産)을 약속했었다.

게르만 종교에서 여성 누멘(Numen)들은 남성 누멘에 비해 거의 눈에 띄지 않는다. 여성 누멘들은 극히 제한된 영역에 머물고, 오딘의 부인인 프리그(Frigg) 정도가 알려져 있을 뿐이다. 사냥신을 일컫는 스카디(Skadi)라는 이름에서 오늘날의 스칸디나비아(Skandinavien), 즉 "스칸디의 섬"이라는 명칭이 유래한 것으로 보인다.

게르만 종교의 제의는 주로 야외의 자연 환경 속에서 이루어졌는데, 특히 신성한 숲들이 곳곳에 있었다. 타키투스는 신성한 숲을 단지 하나뿐인 게르만족의 제의 장소로 지적했다. 신전이 지어진 것은 훨씬 후의 일로 북구에서 잘 알려진 신전은 알트-웁살라(Alt-Uppsala) 신전이다. 왕은 모든 사제의 우두머리로 공개적인 제물을 바치는 이들 중 가장 높은 위치에 있었다. 주로 짐승들을 제물로 바쳤지만, 드물게는 사람도 제물이 되었다고 한다.

게르만 종교의 윤리는 전쟁을 통해서 규정되었는데, 특히 명예를 중요하게 여겼으며, 자신에게 주어질 영광을 위해 최선을 다하는 모습들이 발견된다. 에다에 보면,

> 우리가 가진 재산은 언젠가 사라지고 만다. 우리의 피를 나눈 식구들도 마찬가지다. 너도 이처럼 죽어갈 것이다. 그러나 우리에게 한 가지 사실만은 분명하다. 영원히 남는 것, 그것은 바로 죽은 자에게 돌아갈 명예와 영광이다.[8]

게르만 종교의 전형적인 세계관은 바이킹 시대에 형성되었다. 그들은 우주를 미드그라드(Midgrad)라 하였고, 인간의 세계를 그 중심에 두었는데, 이 세계는 거인족에게서 물려받은 것이다. 땅 밑에는 지하세계가 있고, 그

---

8. *Die Edda*, Felix Genzmar, 131쪽.

위에는 신들의 궁전인 아스가르드(Asgard)가 있으며, 여기가 바로 모든 신들이 모여사는 곳이다. 신성한 물푸레나무인 이그드라실(Yggdrasil)이 그 큰 가지를 펼쳐 우주를 덮었다. 그 나무의 등걸에서는 지혜의 샘과 운명의 샘이 솟고, 이곳에 운명을 정하는 신인 노르데들(Norden)이 살고 있다.

신화에 따르면 세계는 태초의 거인 이미르(Ymir)의 몸에서 시작되었다고 한다. 에다의 시에 보면,

> 아미르의 살에서 땅이 나왔고,
> 그의 피에서 바다가 생겨났다.
> 그의 뼈들은 산이 되었고
> 그의 머리카락에서는 나무가,
> 그리고 그의 해골로부터 하늘이 만들어졌다.[9]

신화에 나오는 창조 이야기는 매우 풍부한 내용을 담고 있는데, 언제나 세계가 운명적으로 맞아야 할 종말과 맞물려 있다. 세계의 종말이란, 곧 이 세계가 깡그리 멸망할 것이라는 사실을 뜻하며, 이를 두고 라그나뢰크(Ragnarök, "신들의 운명"), 혹은 라그나뢰크르(Ragnarökkr, "신들의 황혼")라 부른다.

뵐루스푀(Völuspä), 이른바 "감시자가 주는 지혜의 말"은 웅장한 세계 종말을 예언하면서, 그때가 오면 세계의 질서(도덕)가 극도로 혼란해진다고 전한다.

> 형제가 서로 싸우고 서로 죽인다.
> 조카들이 나타나 가까운 피붙이들을 죽인다.
> 이 세상은 못된 것투성이고, 간음이 뻔뻔스레

---

9. Schröder, *Germanien*, 44쪽.

행해지며, 땅은 건조해지고, 어려운 시절이 닥친다.
삼라만상이 파괴되고, 바람이 몰아치는 때,
늑대의 시절이 다가온다. 세상 끝까지 가더라도
누구도 구원받지 못한다.[10]

발드르가 죽은 후 몰락이 시작되는데, 바야흐로 신과 사람들의 적수인 악마가 그 세력을 키워나간다.
세계의 질서는 온통 혼돈에 빠져들고, 불이 나타나 모든 것을 끝장낸다.

해가 빛을 잃고, 바닷속으로 육지가 가라앉으며,
하늘에서 별들이 추락하고, 초원이 울부짖으며,
뜨겁고 큰 기운이 하늘까지 치솟는다.

참고문헌: Walter Baetke, *Das Heilige im Germanischen* (Tübingen 1942); Rene Lodewyk Maurits Derolez, *De Godsdienst der Germanen* (Roermond 1954); Georges Dumezil, *Les Dieux des Germains* (Paris 1959); *Die Edda*, Felix Genzmer/Kurt Schier 편 (Düsseldorf 1981); Jacob Grimm, *Deutsche Mythologie* (Darmstadt 1953); Vilhelm Gronbech, *Kultur und Religion der Germanen* (Stuttgart 1954); Karl Helm, *Altgermanische Religionsgeschichte* (Heidelberg 1913-1953); Helge Ljungberg, *Die nordische Religion und das Christentum* (Gütersloh 1940); Eugen Mogk, *Germanische Mythologie* (Berlin 1927); Alex Olrik, *Ragnarök* (Berlin/Leipzig 1922); Hans Rückert, *Die Christianisierung der German* (Tübingen 1932); Ake V. Ström/Haralds Biezais, *Germanische und Baltische Religion* (Stuttgart 1975); Jan de Vries, *Altgermanische Religionsgeschichte* (Berlin 1970).

---

10. 같은 책, 31쪽.

3. 슬라브 종교

고대 슬라브 종교에 대해서는 단편적으로밖에 알려져 있지 않고, 슬라브 종교가 형성되던 시기에 대한 증거는 더욱더 찾아보기 힘들다. 비교적 후대에 이르러 슬라브 종교에 대한 보도들을 만나게 되는데, 대략 6세기에서 12세기까지 기독교가 전해지고 자리를 잡아나가던 시기에 씌어진 것들이다. 여기서는 슬라브족의 공간적인 확대와 이동에 대해 단지 개략적인 소개만 하고 있어, 사실 슬라브 종교와 관련된 자료는 희귀하다고 말할 수밖에 없다. 슬라브족은 아드리아 해, 흑해 그리고 동해에 이르는 넓은 지역에 퍼져 있었고, 서쪽으로는 엘베 강, 동쪽으로는 노보고로드(Nowogorod)와 키에프에 이르기까지 이동해 살았다.

슬라브족이 쓰던 일반적인 신의 이름은 보그(Bog)였다. 이는 악마적인 존재를 의미하는 베그(Beg)의 상대 개념에서 출발한 것으로, 모든 성스러움을 종합해서 표현하는 말이다. 보그는 슬라브인들의 신앙 안에서 결정적인 역할을 담당했다. 이들은 제대로 구성된 신 체계를 가지고 있지 못했고, 인격신들 중에는 번개의 신만이 특별한 존재로 추앙받았다. 『고트 전쟁』(*Gotenkrieg*)이라는 책에 보면,

> 그들(슬라브인)은 하나의 신으로, 번개와 천둥의 창조자를 믿는데, 그만이 모든 사물을 지배할 수 있다. 따라서 그에게 소와 모든 신성한 제물을 바친다.[11]

---

11. *De bello Gothio* III,14,23; A. Brückner, *Die Slaven*, Religionsgeschichtliches Lesebuch (Tübingen 1962) 2쪽.

러시아에서는 번개의 신을 페룬(Perun)이라 불렀고, 이는 "때리는 분"이라는 뜻을 가지는데, 경우에 따라서는 "천둥"이라는 특수한 의미를 가지기도 한다. 폴란드에서 페룬은 "번개"라는 뜻을 가진 낱말이다. 『네스토리우스 전기』(Nestor-Chronik)에 보면 이 신에 대해 우리는 몇 가지 정보를 얻을 수 있다. 여기에 보면, 블라디미르(Wladimir, 980~1015)가 키에프 근처 한 언덕에 세워진 나무로 만든 페룬의 신상을 부수게 했는데, 신상의 얼굴 부분은 은으로, 수염은 금으로 되어 있다고 한다. 『네스토리우스 전기』 43장에 보면 블라디미르가 크림(Krim)에서 그리스도인이 되는 세례를 받고 988년에 키에프로 돌아온 후, 어떻게 그가 신상을 파괴했는지 자세히 설명한다.

그는 키에프로 돌아오자마자 바로 명령을 내려, 그 신상을 부수고 토막토막 잘라 불에 던지라고 했다. 그래서 페룬을 말 뒤에 묶어 산에서 내려와 보리체프(Boricev)를 거쳐 개천에 다다랐다. 모두 열두 명의 남자를 시켜 이 신상에 봉인을 했다. 신상을 끌고 개천을 지나가자 많은 이들이 몰려들어 통곡을 했는데, 이들은 아직도 그리스도교의 세례를 받지 않았기 때문이다. 페룬 신상을 끌고간 후 그들은 드네프르(Dnjepr)에 신상을 다시 세웠다. 블라디미르는 신상이 다시 세워진 것을 보고 이번에는 바다의 빠른 물살 속으로 던져넣으라고 명령했다.[12]

슬라브 종교에서 불의 숭배는 아주 오래된 전통이다. 불은 러시아에서 스바로그(Swarog)라는 인격신의 모습을 가지고 있었다. 이 신을 모시는 신전은 메르세부르그(Merseburg)에 있었고, 최고신으로 추앙받았다.

러시아에서 스바로그의 아들은 다쯔보그(Dazbog), 즉 해의 신이다. 네스토리우스의 전기 38장에 보면, 다쯔보그에 대한 설명이 나오고, "이고르(Igor) 노래"에서는 모든 러시아인들이 그의 손자라 한다.

---

12. Brückner, 같은 책, 17쪽.

폼메른(Pommern) 지방[13]에서 그리스도교 선교사로 활동했던 오토 폰 밤베르크(Otto von Bamberg)의 전기를 쓴 바 있는 허보드(Herbord)는 볼린(Wollin)과 스테틴(Stettin) 지방의 트리글라브(Triglav), "세 머리"라는 뜻의 이름을 가진 신이 이방 슬라브족의 최고신으로 추앙받았다고 전한다. 그는 스테틴에 세워진 트리글라브 신상을 묘사하면서,

> 볼린보다도 스테틴이라는 곳은 훨씬 큰 도시다. 주변에는 세 개의 커다란 산이 솟아 있고, 그 중에서도 가운데 산은 더욱 높다. 여기에 바로 이방의 신인 트리글라브가 살고 있다. 높은 곳에 앉아 있는 그는 세 개의 머리를 가졌고, 금빛 면사포로 눈과 입을 가렸다. 이곳 사제들의 설명에 따르면, 트리글라브는 최고신으로 하늘·땅·지하 등 세 곳을 다스려야 하기 때문에 머리가 세 개라고 한다. 또한 면사포로 얼굴을 가린 이유도, 인간들이 자신이 짓는 죄를 신이 보는지 못 보는지 알 수 없게 하기 위함이다. 그는 입이 무거운 침묵의 신이다.[14]

뤼겐(Rügen) 섬에서는 스완테비트(Swantewit)라는 신이 크게 공경을 받았다. 1969년부터 이 지역에서 이루어진 발굴 자료들에 의하면, 아르코나(Arkona) 곶에 이 신의 신전이 있었고, 서부 슬라브족의 지성소였다고 한다. 신전에 세워진 스완테비트의 형상을 삭소 그라마티쿠스(Saxo Grammiticus)는 다음과 같이 자세히 설명한다.

> 신전에는 강렬한 인상을 주는 신상이 서 있다. 이는 보통 사람의 키를 훨씬 능가하고, 네 개의 머리와 그에 딸린 네 개의 목을 가지고 있다. 두 개의 머리는 앞쪽을, 두 개의 목은 뒤쪽을 향하는데, 넷 중 한 개의 머리는 오른

---

13. 발틱 해 연안, 북독일 지역.
14. Brückner, 같은 책, 15쪽 이하.

쪽으로 휘어졌고, 다른 세 개는 왼쪽으로 휘어져 있다. 그의 수염은 짧으며, 머리카락 역시 짧다. 이 신상을 만든 조각가는, 미루어보건대, 신상을 통해 뤼겐인에게 낯선 머리와 수염 모양을 보여주려 했던 것 같다. 신상의 오른손에는 뿔잔이 들려 있는데, 값 나가는 귀금속으로 주조되어 있다. 매년 제사 때마다 사제가 나와 이 뿔잔 속에 포도주를 채우고, 제사를 통해 그 해에도 농사가 잘 되기를 기원한다. 왼손은 한쪽으로 굽었고, 신상을 구성하는 세세한 뼈 모양까지 그려져 있으며, 전체적으로 볼 때 신상은 나무로 만들어져 있다. 나무 사이사이에는 눈에 잘 띄지 않는 관절들이 꿰맞추어져 있는데, 그 솜씨가 매우 정교하다. 신상의 다리는 땅에 닿아 있고, 다리의 토대는 땅 밑에 파묻힌 듯하다.[15]

덴마크의 발데마르 대왕(Waldemar, 1157~1182)은 뤼겐인들에 의해 왕으로 추대됐는데, 1168년에 스반테비트의 신전과 그의 신상을 부수도록 명령했다. 허볼트가 전하는 『슬라브 전기』(*Slawenchronik*)에 보면,

> 그는 슬라브인 모두에게 공경받던 스반테비트의 신상을 끌고나와, 그 목에다 줄을 묶고 모든 슬라브인들이 보는 가운데 질질 끌고다녔다. 그리고 마침내 신상을 조각내어 불에 던져넣었다. 신전과 갖가지 제사 집기들마저 송두리째 부수었다.[16]

슬라브 종교에서는 죽은 이들이 사는 집을 신이 마련해 준다고 믿었고, 이를 러시아에서는 볼로스(Volos), 서부 슬라브 지역에서는 벨레스(Veles)라 불렀다. 슬라브어에서 앞의 단어들과 언어적으로 유사한 말들은 모두 슬라브 공통의 성스러움을 뜻한다고 보아도 무방하다.

---

15. Brückner, 같은 책, 8면.
16. Brückner, 6쪽 이하; 『슬라브 전기』 II, 12.

슬라브 종교에서 특히 주목할 만한 것은 남성적인 신성의 두드러짐이다. 이와는 대조적으로 빌렌(Vilen)과 같은 집단적 여성신들을 제외하면 모코스(Mokos)라는 여신만이 자주 등장하는데, 그녀는 모든 여성들의 수호신이며, 옷감짜는 일을 돌본다.

슬라브족의 제의에 대해서는 단편적인 정보들만 알려져 있다. 그들의 제사는 (신의 모습을 재현하는) 일종의 모방 제사이고 다른 한편으로는 농산물의 증산을 목적으로 바치는 제사였다. 여기에 부차적으로 동물이나, 혹은 사람도 제물로 바쳤다고 『네스토리우스 전기』에 기록되어 있다.

> 사람들은 신이라고 불리는 존재들에게 제사를 드린다. 사람들은 아들과 딸을 데리고 와 악마에게 제물로 바쳤다. 이 제물들과 거기에서 나온 피로 러시아 땅이 온통 더럽혀졌다.[17]

슬라브 종교가 주위 종교들로부터 어느 정도 독립성을 유지했는지는 문헌적인 증거가 불충분하여 알 수 없지만, 슬라브인들이 가졌던 경건함에 대해서는 몇 가지 점이 알려져 있다. 그들은 죽음에 대해 많은 생각을 했었다. 그래서 죽은 자들이 산 자들에게 해꼬지를 하므로 그들에게 반드시 음식을 바쳤고, 러시아는 온천물을 이용해 죽은 자들의 원한을 무마시켰다. 그리고 부장품이 있었다는 사실은 슬라브 종교에 내세관이 있었다는 증거가 되고, 어느 곳인지는 자세히 모르지만 아무튼 이 땅 위의 어딘가에 저승이 설정되어 있었다.

참고문헌: Paul Diehls, *Die Slaven* (Leipzig/Berlin 1920); Andrejes Johansons, *Der Wassergeist und der Sumfgeist, Untersuchungen volkstümlicher Glaubensvorstellungen bei Völkern des ostbaltischen Raumes und bei den Ostslaven* (Stockholm 1968); Louis Leger, *La mythologie slave* (Paris 1901); Viljo Johannes

---

17. 『네스토리우스 전기』 38장.

Mansikka, *Die Religionen des Ostslaven* (Helsinki 1922); *Das heidnische und christliche Slaventum* 1권: *Das heidnische Slaventum* (Wiesbaden 1969); Frans Vyncke, *Dw godsdienst der Slaven* (Roermond 1969); Erwin Wienecke, *Untersuchungen zur Religion der Westslaven* (Leipzig 1940).

4. 발틱 종교

발틱 지역의 동프로이센, 리타우엔(Litauer)과 레트란드(Letten)에 대한 그리스도교의 전도는 대략 12세기말에 시작되어 14세기가 되자 형식적이기는 하지만 마무리된다. 이 기간 동안 발틱 지방의 토속적인 종교와 민요들이 외부에 많이 소개되었고, 그 중에서도 레트란드의 다이나스(Dainas)라는 민요가 가장 유명하다. 그리스도교가 전해지면서 필연적으로 현지의 종교들과 마찰이 빚어졌으며, 이에 대한 기록이 전기 형태로 남아 있는데, 이를 통해 발틱 종교에 관한 중요 정보를 얻을 수 있다.

발틱의 모든 민족들은 공통적으로 종교를 농삿일과 깊이 연계시켰고, 단지 신에 대한 믿음이라는 범주를 넘어 그가 인간사를 어떻게 보살피는가를 표현하려 애썼다. 신은 사람들에게 농사와 가축의 풍요로움을 가장 이상적인 형태로 줄 수 있는 유일한 존재였다.

발틱 종교에서 독특한 위치를 누린 "하늘의 신"은 흔히 하늘을 받치는 거대한 기둥으로 묘사된다. 그가 바로 "하느님"이며, 레트란드에서는 디브스(Dievs), 리타우엔 말로는 디바(Dieva), 동프로이센 말로는 데이브스(Deiws)라고 불리었다. 레트란드에 전해 내려오는 민요에는 "하느님"은 단지 하늘에 머물 뿐 아니라 말을 타고 땅에 내려와 이리저리 돌아다닌다. 땅에 내려올 때면 그는 주로 가축일을 돌보고 농삿일을 보살펴서 풍년이 들게 해준다.

이 하늘의 신과 비슷한 일을 하는 존재로 땅 위에는 신인동형적인 존재인 천둥신이 있다. 그 역시 농삿일을 돌보며, 모든 인생 법칙의 보호자 역할을 담당한다. 레트란드에서는 그를 페르콘스(Perkons), 리타우엔에서는 페르쿠나스(Perkunas), 동프로이센에서는 페르쿠니스(Percunis)라 불렀다.

발틱의 모든 나라들은 공통적으로 태양의 여신을 섬겼다. 그녀는 천체를 대변하는 표시이며, 레트란드와 동프로이센에서는 사울레(Saule)라 이름붙였고, 리타우엔에서는 소일레(Sàule)라고 했다. 그녀 역시 농사를 배경으로 나온 신이며, 하늘에 있는 비옥한 밭의 여주인으로 공경받았다.

라이마(Laima)는 운명의 여신으로, 그녀가 한번 내린 결정은 도저히 바뀔 수 없다고 여겨졌다. 따라서 인간은 무조건 그녀의 결정에 따라야만 한다.

> 나는 낮에도 날아다니고, 밤에도 날아다닌다("나는 운명을 지배한다"는 사실을 우회적으로 표현한 것). 라이마 여신의 결정은 그러하다. 그녀가 정한 대로의 인생, 나는 그렇게 살아야만 한다.[18]

앞에 열거한 뚜렷한 신성을 가지는 존재들 외에, 발틱 종교에서 비교적 낮은 위치에 서 있는 신성들은 통합되어 크게 뭉뚱그려져 있다. 이를테면 나무들, 바위들, 강들 그리고 산들이 때때로 신성하게 여겨졌다.

발틱 종교의 농사지향적인 성격은 그들의 제사의식에서도 발견된다. 출생·결혼·죽음 등의 일이 있을 때는 큰 축제를 열었는데, 여기에 담겨진 의미는 농경문화에서 사계절의 순환에 근거를 둔다. 봄 축제 때는 겨우내 갇혀 있던 말들이 자유롭게 방목지로 풀려나는 의식이 중요한 역할을 하며, 가을 축제 때는 추수한 곡물과 농사의 신에 대한 감사로 제물을 바친다. 축제의 끝에는 보통 제의에 뒤따르는 공동식사가 이어진다.

발틱 종교에서 발견되는 저승에 대한 이해는 특히 동프로이센 지역의 것이 잘 알려져 있는데, 이는 뒤스부뤄(Duisburg)의 수도원장들 중의 수석이었던 페터(Peter)에 의해 1326년에 완성된 『동프로이센 전기』(*Chronik Alt-preußen*)에 따른 것이다. 전기에 따르면 동프로이센인들은, 그들이 죽은 후에 어떤 기준에 맞추어 등급이 매겨져 저승에 보내질 것인지 등의 모든

---

18. Haralds Biezais, *Die Hauptgöttinnen der alten Letten* (Uppsala 1955) 134쪽.

운명이 살아 생전에 결정된다고 믿었다.

프로이센인들은 육체의 부활을 믿었거나, 아니면 그와 비슷한 일이 일어나리라고 생각했다. 이 세상에서 귀한 신분이었든 천한 신분이었든, 부자였든 가난뱅이였든, 힘이 있었든 없었든, 모든 것들이 저승까지 이어진다. 따라서 어떤 귀족이 죽으면 그가 쓰던 무기, 말, 노예, 여종, 옷, 사냥개, 매 등과 그외의 전쟁과 관련된 물건들이 모두 태워진다. 그와 비슷하게 천민들 역시 그들이 쓰던 집기들과 함께 태워졌다. 이런 식의 불태워짐을 통한 부활을 모두 믿었고, 이승의 역할을 부활 후에도 주인 밑에서 계속 수행해 나갈 것이라고 믿었다.[19]

참고문헌: Haralds Biezais, in: Ake V. Ström/Haralds Biezais, *Germanische und Baltische Religionen* (Stuttgart 1975); 같은 이, *Die himmlischw Götterfamilie der alten Letten* (Uppsala 1972); 같은 이, *Die Gottesgestalt der lettischen Volksreligion* (Stockholm/Göttingen/Uppsala 1961); Andrjs Johansons, *Der Wassergeist und der Sumfgeist. Untersuchungen volkstümlicher Glaubensvorstellungen bei den Völkern des ostbaltischen Raumes und bei den Ostslaven* (Stockholm 1964); Wilhelm Mannhardt, *Letto-preußische Götterlehre* (Riga 1936).

---

19. A. Brückner, *Die Slaven*, Religionsgeschichtliches Lesebuch (Tübingen 1926) 18쪽.

5. 핀란드 종교

핀란드의 종교개혁자로 알려진 미하엘 아그리콜라(Michael Agricola) 주교는 그리스도교 이전의 서부 핀란드 신들에 대한 목록과 정보들을 요약하여 정리한 바 있다. 그는 핀란드에 전해져 내려오는 시들을 모아 1551년에 책으로 묶어 내놓았는데, 여기에 실린 풍부한 내용의 고대 민요들을 통해 핀란드 종교를 상당히 이해할 수 있다. 또 다른 중요한 자료는 핀란드인 엘키아 룀로트(Elkias Lömrot)가 자료를 모아 1849년에 출간한 핀란드 국가 서사시 모음집인 『칼레발라』(Kalevala)를 들 수 있다.

핀란드의 신들 중에서도 우코(Ukko, 노인)는 돋보이는 존재이다. 그는 하늘 아버지이며 동시에 천둥신이기도 한데, 마차를 끌고 하늘을 내달린다. 우코는 풍년을 기약하는 단비의 수여자이며 인간을 돕는 신이다. 『칼레발라』 중 제2편 노래에 보면,

> 우코, 높으신 주인, 당신은 하늘에 계신 아버지, 당신은 구름 사이에서 우리를 지배하시며, 구름을 몸소 내어 비를 내리시는 분이다. 구름들의 나라에 조언을 내리고, 당신의 지혜로운 조언들은 널리 퍼져 동쪽 멀리서부터 구름을 보내게 만든다. 우코는 구름에서 물방울이 튀게 만들고 하늘에서 꿀을 내려 꽃봉오리가 피어나게 하며, 우리를 배부르게, 취하게 만들어 준다.

우코에게 제사를 지내기 위해 제사 고기와 술을 곡물 계량용 그릇에 담아 바치는데, 이 그릇은 자작나무 껍질로 만들며, 이른바 "우코의 그릇"이라 부른다. 1620년에 쓰여진 그리스도 교회의 방문기에 보면 사람들은 이 그릇을 "우코의 산"에 가져다가 깨끗이 씻어 그곳에서 밤새워 지내면, 밤 사

이에 우코가 그의 몫을 가져갔다고 한다.

필시 우코는 그 이전부터 있어 왔던 최고 천신인 일마리넨(Illmarinen)의 숭배를 몰아냈을 것이다. 일마리넨은 위대한 대장장이로 하늘의 천장을 만들었다고 전해진다. 아그리콜라의 전기에 보면,

> 일마리넨은 평화와 좋은 날씨를 만들고, 여행자를 인도한다.

우코의 부인 라우니(Rauni)는 라플란드어(Lappisch)로 "여신"이라는 뜻을 가진 라브드나(Ravdna)에서 어원을 찾을 수 있다. 또한, 스웨덴어의 뢴(Rönn, 〔植〕마가목)에서도 언어적인 유사성이 발견된다. 라우니는 종종 우코와 함께 다니면서 세상을 다스린다. 아그리콜라의 보도에 따르면,

> 라우니, 우코의 부인이 세상을 지배할 때면 신성한 신 우코는 북쪽에서 번개를 치고 있다.

『칼레발라』 서사시의 주인공은 뵈이네뫼이넨(Vaeinaemoeinen)이며, 그는 언제나 지혜롭고 신비한 존재로 묘사된다. 그는 진실한 노인으로, 태초부터 마법사 노릇을 해왔다. 뵈이네뫼이넨은 인간들에게 영향을 끼친 후 바람처럼 빨리 바다 위를 지나 사라진다. 그래서 모두들 그가 다시 나타나기를 기다린다. 『칼레발라』 50번째 노래를 들어보자.

> 그(뵈이네뫼이넨)는 스스로 키를 잡고 망망한 바다를 노저어 나간다. 그가 남긴 이별의 말은, "나는 한세월 바다 위를 미끄러져 가리라. 나는 낮에 떠나갔다가 이제 다시 낮이 돌아오면, 너희들을 찾아오리라".

핀란드 종교의 제의는 보통 겨울이 시작되기 직전, 추수가 일단락지어지면 동물을 제물로 바치며 이루어진다. 이런 희생제의 중에 눈에 띄는 것은 오

랜 전통을 가진 곰 축제이다. 곰 축제에서는 축제 순서 중에 곰을 죽이고, 또한 곰에 대한 제사도 겸한다. 핀란드에서 곰은 흔히 숲의 정령인 타피오 (Tapio)로 불린다. 곰 축제에서는 곰과 관련된 긴 노래가 불리어지는데, 이 노래를 통해 사냥꾼들이 바치던 제사의 모습도 더불어 읽어볼 수 있다.

고대 핀란드의 민속신앙에는 종교윤리나 저승관은 존재하지 않았고, 단지 죽음 뒤에도 계속 이어질 삶, 그러나 땅 위에서의 삶과는 전혀 다른 유의 삶이 있다고 생각했다. 그래서 어떤 이가 죽어 땅에 묻히면 그가 묻힌 장소가 바로 죽음 뒤에도 계속 살아나가야 할 곳으로 여겨졌다. 죽음에 대한 또 다른 설명으로 누군가 죽으면 지하세계에 죽은 이들만 모이는 나라로 가서 이승에서의 도덕적인 행동과는 무관하게 살아간다고 한다.

핀란드 종교에서는 일종의 종말론이 발견되는데, 언젠가 세상이 모두 타버리고 큰 추위와 유혈이 낭자하는 처참한 전쟁이 터질 것이라 예견했다.

참고문헌: Martii Haavio, *Heilige Haine in Ingermanland* (Helsinki 1963); Uno Harva (Holmberg), *Illmarien* (Helsinki 1946); Lauri Honko, *Geisterglaube im Ingermanland* (Helsinki 1962); Kaale Krohn, *Zur finnischen Mythologie* (Helsinki 1932); Elias Lönnrot, *Kalevala* (Darmstadt 1967/München 1979); Ivar Paulson, *Die Religionen der finnischen Völker* in: Paulson/Hultkrantz/Jettmar, *Die Religionen Nordeurasiens und der amerikanischen Arktis* (Stuttgart 1962).

④
오늘날의 종교다원적 상황

유럽에서는 중세까지만 해도 전체적으로 그리스도교가 아닌 종교들에 대해서는 심각한 거부반응이 있어, 타종교의 유럽 유입이 거의 불가능했다. 그러나 르네상스와 더불어 유럽에서는 타종교에 대해 괄목할 만한 접근이 시작되었는데, 당시의 이른바 "신대륙 발견"으로 이어지는 개방의 분위기가 촉매제 역할을 했다.

그리스도교 외의 종교들이 유럽에 끼친 정신사적·문화사적인 영향을 가늠하는 척도는 결국 르네상스 이후 유럽의 정신사와 타종교의 가르침들이 어느 정도나 친화력있게 만날 수 있었는가라는 사실로 그 성격이 규정된다. 그리고 이런 맥락에서 어떤 종교의 주변적인 요소들은 의미없는 것으로 평가되어 그 영향권에서 제외되었다. 따라서 사람들이 어떤 종교에 관해 말할 때는 단지 그 종교가 문화사적인 시대에 가졌던 친화력(Affinitäten)에만 관심을 기울이게 되었고 이런 식의 사고방식은 외국 종교들에 대한 선택적인 친화력으로 이어져, 거기에 맞는 요소들만 선택되고 정신사 영역으로 받아들여지는 결과를 낳았다. 이런 요소들은 어떤 종교의 선체적인 모습을 반영하는 데 턱없이 부족했고, 결국 그 종교의 본래 모습은 만날 수 없게 되었다.

유럽 역사에서 한때를 풍미했던 르네상스와 고전주의가 그 이전 중세에 비하면 고대 문화에 대해 훨씬 더 큰 친화력을 가지고 있었지만, 정작 고대 신화에 나오는 신들과 그들로 대표되는 이방 종교를 수용할 정도는 아니었다. 다시 말해서, 종교적으로는 여전히 그리스도교 테두리를 벗어나지 못했다는 뜻이다. 파울 베버의 말에 따르자면, "고대 종교에서 유래된 것이라 하여 유럽에 널리 퍼진 것은 고작 고대 신화가 그리스도교의 옷을 입고 다양한 형태의 놀이로 응용된다거나, 신화에서 나온 몇몇 이름들이 그리스도교의 신앙 대상이 되었다는 사실뿐이다".[1] 마키아벨리가 그리스도교보다 고대 로마 종교를 선호했던 이유도 종교적 신앙보다는 강력한 지상(地上) 국가의 정치 목적을 위한 공리주의적 사고의 결과였던 것이다.

르네상스 시대의 고대 종교 연구 중에서 비교적 돋보이는 본보기는 루이즈 드 카모스(Luiz de Camos, 1524~1580)의 「루시아덴」(*Lusiaden*)이라는 긴 서사시로 고대 문화의 발생기에 대해 씌어져 있다. 여기서 카모스는 고대 신들과의 친화력에 대한 구도를 제시했고, 미약하게나마 그리스도교의 신앙 노선에 충격을 주었다. 그러나 「루시아덴」에 보면 루소(Luso)를 조상으로 모신 루시아인들이나 포르투갈인들이 그리스도교의 전파에 공을 세웠다고 하고, 술의 신 바쿠스(Bacchus)가 그리스도교 제단에서 기도했다고도 하는데, 이는 카모스 역시 그리스도교의 테두리를 거의 벗어나지 못했음을 보여준다고 하겠다.[2]

---

1. Paul Weber, *Renaissance und Reformation* (Tübingen 1912) 66쪽.
2. *Die Lusiaden des Camos*, R. von Belzig 편 (Stuttgart 1886) 19쪽.

1. 중국 종교

르네상스 시대의 유럽에서는 중국 종교에 비교적 큰 친화력을 보여주었다. 이는 가톨릭 수도회인 예수회(Jesuit)가 중국 선교라는 중대한 사명을 띠고 중국에 건너간 후, 바로 예수회를 통해 중국의 유교 윤리가 거꾸로 유럽에 들어오게 되었다는 사실에서 비롯된다. 예수회원들은 1687년 루드비히 14세 때에 공자(孔子)의 말씀 모음집인 『논어』(論語), 『대학』(大學), 『중용』(中庸) 등 세개의 유교 경전 번역을 내놓았다. 이 번역본들에는 "이상적인 유교 스승들의 가르침을 엮은 책"이라는 요지를 담은 당시 프랑스 왕의 서문이 쓰어 있는데, 이 책은 후에 라이프니츠의 유교 사상 이해에 큰 영향을 미쳤다. 라이프니츠는 1697년에 완성한 저서인 *Novissima sinica*의 머리말에 다음과 같이 쓰고 있다.

> 우리 시대의 관습들이 점점 더 심각하게 타락해 가는 현상을 보면서 나는 중국에서 우리 땅으로 선교사들이 좀 와주었으면 하는 생각을 해본다. 그래서 우리는 그곳 중국에서 번창한 자연종교의 가치와 법칙들을 배워야 할 것이다. 마치 우리가 중국에 공개적으로 복음선교사를 보낸 것처럼 말이다.

유명한 철학자인 크리스티안 볼프(Christian Wolff)가 유교에 품었던 존경심은 그에게는 운명과도 같았다. 볼프는 1721년 7월 12일, 철학교수로 재직하던 할레(Halle) 대학에서 강의를 통해, 유교와 그리스도교의 윤리가 일맥상통한다고 말했다가 문책을 받아 무신론자로 고발당한 적이 있었다. 프로이센의 왕이었던 프리드리히 빌헬름 1세는 이 사건을 계기로 볼프에게 48시간 이내에 프로이센 땅에서 떠나라는 결정을 내렸다.

프랑스에서 유교의 영향을 받아 프랑스 유교 연구의 본산이 되다시피했던 곳은 소르본 대학이다. 볼테르(Voltaire)의 글에 보면 유교에 대한 연구가 얼마나 탁월하게 이루어졌는지 잘 알 수 있다. 그는 중국이라는 세계를 매우 흠모했으며 중국의 큰 스승들에게 감복을 받았고, 이를 통해 그 자신이 가진 고유한 사상의 모델을 발견했다고 한다.[3]

유교의 큰 스승인 공자는 17, 18세기 유럽에서 엄청난 존경을 불러일으킨 대상이었다. 그를 유럽에서 부를 때는 보통 "Kung-fu-tse"라는 라틴어 음역(音譯)을 사용했는데 이는 예수회 선교사들이 붙인 이름이다. 공자는 기원전 551~479년에 중국에 살았고, 당시의 중국은 정치적인 대 혼란기로 이른바 "춘추전국 시대"였다.

그는 나이 오십에 높은 벼슬자리를 얻어 그때까지 살던 고향인 산동성(山東省) 남서부에 있는 노(魯)를 떠난다. 그러나 자신의 이상을 실현하려다가 실패만 거듭한 공자는 벼슬을 버린 후 13년간의 망명과 방황의 시간을 거쳐 68세에 고향으로 돌아온다.

사실 공자가 살던 시대의 정치적 상황과 도덕적인 붕괴는 그가 투신하여 자신의 이상을 실현시키기에 적절했다. 그는 고대로부터 내려오던 갖가지 전승들을 모아 정리하여 그가 실현시키려던 개혁의 본을 삼았는데, 핵심 내용은 바로 주(周) 나라 때로 돌아가자는 것이다. 공자는 한마디로 전통의 수호자였으며, 이를 통해 중국의 큰 스승에 이르게 된다. 그가 전통에 대해 매긴 높은 가치는 『논어』 16권 13장에 잘 드러나 있다.

> 진항(陳亢)이 백어(伯魚)에게 묻기를: 그대는 또한 다른 들음이 있는가? 대답하기를: 다른 것은 듣지 못하였다. 일찍이 홀로 서 계실 때 어가 나와서 뜰을 지나니, 말씀하시기를 "시를 배웠느냐?" 하시기에, 대답하여 "아직 배우지 못했습니다" 하니, "시를 배우지 않았다면 말할 수 없다"고 하시기에,

---

3. 볼테르의 저서 *Essai sur l'esprit et les moeurs*의 서문 참조.

나는 물러가서 시를 배웠노라. 다른 날에 또 홀로 뜰에 서 계시기에 어가 주창하여 뜰을 지나니, 말씀하시기를 "禮를 배웠느냐?" 하시기에, 대답하여, "아직 배우지 못했습니다" 하니, "禮를 배우지 아니하면 서지 못할 것이다" 하시기에 물러가 禮를 배웠다. 이 두 가지를 나는 배웠노라.

陳亢問於伯魚曰 子亦有異聞乎 對曰未也 嘗獨立 鯉趨而過庭 曰學詩乎 對曰未也 不學詩無以言 鯉退而學詩 他日又獨立 鯉趨而過庭 曰學禮乎 對曰未也 不學禮無以立 鯉退而學禮 聞斯二者

그러나 공자가 전통을 숭상했다고 하여 그의 사상세계에 독창성이 없다고 생각하기는 이르다. 오히려 그는 중국의 고대 문헌들을 나름대로의 시각으로 이해했으며 자신이 설정한 도덕적인 목표를 완성시키려 노력했던 인물이다. 공자의 가르침들은 후에 『논어』를 통해 논담 형식으로 모아졌는데, 공자가 제자들과 함께 세상을 돌아다니며 이야기를 나눈다는 식이다.

유교의 사상을 보면 그 중심에 이상적인 인간됨을 가리키는 "인"(仁)이라는 개념이 설정되어 있고, 이 개념의 질은 고대로부터 고귀한 덕목으로 알려져온 "예"(禮)로 결정된다. 예는 모두 다섯 가지의 구체적인 규칙[五倫]을 가지고 사회에 적용되는데, 임금과 신하 사이의 의리[君臣有義], 어른에 대한 공경과 그에 따른 질서[長幼有序], 남편과 부인과의 구별[夫婦有別], 아버지와 자식간의 사랑[父子有親] 그리고 친구간의 신의[朋友有信] 등이 그것들이다.

공자는 자신의 도덕적인 이상을 실현함에 있어 대체로 낙관론을 폈다. 그는 바르고 어진 왕과 관료들을 통해 참 인간됨을 배울 수 있으며, 또한 그로 인해 올바른 인간관계를 맺을 수 있다고 믿었다.

공자가 제시했던 도덕적인 요구로서 왕의 올바른 됨됨이는 문화의 소유로 결정되고, 여기서 파생되는 척도에 따라 그는 왕의 옳고 그름을 판단했다. 유교 사상은 바로 올바른 왕정(王政)을 인간사회의 전제로 두고, 제왕들의 부족함이나 그때문에 종종 파생되었던 왕권 교체 현상을 신랄하게 비판한다. 이런 비판이 바로 유교 사상의 특징이라 할 수 있다. 공자는 아쉽게도 자신의 정치 이상이 중국에서 도덕적인 힘으로 각인되어 나타나는 것을 보지 못했다. 그러나 공자가 죽은 후 1911년에 혁명이 일어나기까지 수천년간 그의 사상은 중국에서 독보적인 위치를 차지했다. 중국 역사에서 최초로 공자의 사상을 수용했던 시대는 한나라(漢, 기원전 206~서기 220)로 알려져 있다.

중국의 지혜로운 큰 스승이었던 공자, 그는 인간의 이성을 바탕으로 자신의 도덕적인 가르침들을 펴나갔기에, 중국 계몽주의의 도도한 흐름에 큰 줄기를 이루어낸 인물이라고 정의내릴 수 있다. 이런 흐름과 반대되는 대표적인 인물은 노자(老子)이다. 전설에 싸인 인물인 노자는 중국의 대 종교들 중 하나인 도교(道敎)를 대표하는데, 도교란 유럽에서는 비교적 생소한 종교이다. 노자에 대해서는 19세기 들어서야 비로소 유럽에 알려지게 되었다. 유럽 중국학의 창시자로 일컬어지는 아벨 르무사(Abel R'emusat)는 1820년 프랑스에서 학회를 통해 처음 노자에 대한 발표를 했고, 후에 노자의 단 하나뿐인 작품인 『도덕경』(道德經)이 유럽의 여러 언어로 번역되었다. 도교는 학문적으로 많은 호기심을 불러일으켰을 뿐더러 도교의 사상을 모방하고 그에 호응하려는 움직임이 유럽에서 적지않이 일어났다.

노자의 생애에 대해서는 거의 알려진 바가 없다. 그가 살았던 연대는 대략 공자와 거의 같은 시기로 잡아왔는데, 최근의 연구에서는 공자보다 훨씬 후대인 기원전 3세기경으로 그의 생존 연대를 설정한다. 노자란 인물의 됨됨이를 보면 상당히 이율배반적인 색채를 띤다. 『도덕경』에 쓰어진 것을 보면,

> 세상 사람 모두 여유 있어 보이는데, 나 홀로 빈털터리 같습니다. 내 마음 바보의 마음인가 흐리멍텅하기만 합니다. 세상 사람 모두 총명한데 나 홀로 아리송하고, 세상 사람 모두 똑똑한데 나 홀로 맹맹합니다. 바다처럼 잠잠하고, 쉬지 않는 바람 같습니다. 딴 사람 모두 뚜렷한 목적이 있는데, 나 홀로 고집스럽고 촌스럽게 보입니다. 나 홀로 뭇사람과 다른 것은 결국 나

홀로 어머니 (젖)먹음을 귀히 여기는 것입니다.
衆人皆有餘 而我獨若遺 我愚人之心也哉 沌沌兮 俗人昭昭 我獨若昏 俗人察察 我獨悶悶 澹兮其若海 飂兮若無止 衆人皆有以 而我獨頑似鄙 我獨異於人而貴食母[4]

여기 씌어 있다시피, 노자란 인물은 외롭게 지냈던 사람이니만치 그에 대한 기록이 적다고 해도 그리 놀라운 일은 아니다. 노자는 젊은 시절을 주나라의 서울에 머물면서 가르침을 펴나갔고, 이곳에서 활동하는 동안 적지 않은 영향력을 끼쳤다고 한다. 그러다가 나이 들어서는 고향을 떠나 서쪽으로 옮겨간다. 그는 중국 국경을 건너가면서 수비대 사령관에게 대략 5천 자쯤 적혀 있는 책을 건네주는데, 이 책은 모두 81장으로 나뉘어 있고 『도덕경』이라고 불리어진다.

책에 담겨 있는 난해한 어법과 어두운 표현양식에도 불구하고, 노자는 도(道)를 "먹여주는 어머니", "심연의 정신", 혹은 "계곡의 신"(谷神)이라 불렀다. 노자에게 있어 도는 가장 거대한 신비, 궁극적인 실재와 만날 수 있게 해주는 신비(神秘)였다. 『도덕경』 6장에 보면,

계곡의 신은 결코 죽지 않습니다. 그것은 신비의 여인. 여인의 문은 하늘과 땅의 근원. 끊길 듯하면서도 이어지고, 써도 써도 다할 줄 모릅니다.
谷神不死 是謂玄牝 玄牝之門 是謂天地根 綿綿若存 用之不勤

이렇게 도(道)의 질서에 부응하는 것을 노자는 덕(德)이라 표현했다. 그는 덕을 무위(無爲), 즉 "아무 일도 하지 않음"이라 규정하면서, 모든 정치윤리를 꿰뚫는 이상적인 지배 형태라고 주장했다. 노자가 그리던 이상적인 군주상으로 『도덕경』 17장에 보면,

---

4. 『道德經』 상편 20장, 오강남 풀이, 현암사 1995, 95-6쪽.
5. 같은 책, 39쪽.

가장 훌륭한 지도자는 사람들에게 그 존재 정도만 알려진 지도자, 그 다음은 사람들이 가까이하고 칭찬하는 지도자, 그 다음은 사람들이 두려워하는 지도자, 가장 좋지 못한 것은 사람들의 업신여김을 받는 지도자.
太上 下知有之 其次 親之譽之 其次 畏之 其次 侮之[6]

노자는 중국의 종교 역사에서 도교를 창시한 위대한 인물로 손꼽히기는 하지만, 사실 이런 식의 정의가 올바른지에 대해서는 이론의 여지가 있다. 이는 후기 도교로 넘어가면서 도교에 중국의 민속종교적인 요소들이 많이 받아들여져, 도교의 본질보다는 신기한 효험이 더욱 강조되었기 때문이다. 이런 요소들은 거의 주술적이라고까지 말할 수 있으며, 이런 이유로 세월이 지나갈수록 원래 노자가 주장하던 신비주의와는 점점 더 거리가 멀어져 갔다.

참고문헌: Theodor Devaranne, *Konfuzius in aller Welt. Ein tragisches Kapital aus der Geschichte des Menschengeistes* (Leipzig 1929); Werner Eichhorn, *Die Religionen Chinas* (Stuttgart 1973); Alfred Forke, *Die Gedankenwelt des chinesisches Kulturkreises* (München 1927); Marcel Granet, *La religion des Chinois* (Paris 1951); Jan Jakob Maria De Groot, *Universismus. Die Grundlage der Religion und Ethik, des Staatswesens und der Wissenschaften Chinas* (Berlin 1918); Heinlich Hackmann, *Chinesische Philosophie* (München 1927); F. E. A. Krause, *Ju-Tao-Fo. Die religiösen und philosophischen Systeme Ostasiens* (München/Leipzig 1924); James Leger, *The Sacred Books of China. The Texts of Confucianism* (Oxford 1876-1885); A. Reichwein, *China und Europa. Geistige und künstlerische Beziehungen im XVIII. Jahrhundert* (Berlin 1923); Hans O. H. Stange, *Gedanken und Gespräche des Konfuzius, Lun Yü* (München 1953); Richard Wilhelm, *Die Seele Chinas* (Berlin 1926).

---

6. 같은 책, 83쪽.

2. 인도 종교

계몽주의 시대에 공자 사상이 큰 친화력을 보여주었다면 낭만주의 시대에는 인도에 대한 열정과 관심이 대단히 높았다. 그리고 이런 열정과 관심은 오늘날까지도 이어져 내려와 엘리트 계층에 널리 퍼져 있을 뿐 아니라, 인도 종교를 바탕으로 한 신흥종교들이 눈에 띄게 많이 등장하고 있다. 비록 인도의 이런 이국적인 모습을 두고 지고의 지혜와 궁극적인 앎의 본향으로 과대평가되는 경향이 있기는 해도 중국이 계몽주의 시대에 끼쳤던 영향과 비교하자면 더 큰 친화력을 가지고 있다는 사실마저 간과해서는 안된다. 오늘날 인도 하면 우선 머리에 떠오르는 것들로 사람을 제물로 바친다든가, 남편이 죽으면 그 미망인도 함께 태운다거나, 민속문화에 깊이 뿌리박힌 다신교 등이 있지만, 역시 가장 눈에 띄는 것은 소를 신성한 존재로 여겨 공경하는 모습이다. 그러나 일반적인 견지에서, 유럽에 유입된 다양한 사상적인 흐름들의 차이점을 분명히 부각시키지 않는다는 전제하에, 인도에 대한 관심은 종교철학적인 사상에 집중되어 있다고 말할 수 있다.

잘 알려진 대로 철학자 쇼펜하우어의 철학 사상은 불교 사상과 일맥상통하고, 그는 고대 인도의 『우파니샤드』(Upanischad)에 담긴 숭고한 정신을 극찬한 바 있다. 또한 그의 책상 위에는 언제나 티벳에서 구해온 불상이 놓여져 있었다는 사실을 미루어볼 때 그의 실생활에도 불교가 얼마나 큰 영향을 끼쳤는지 어렵지 않게 짐작할 수 있다.

우프네카트[7]를 관통해 흐르는 『베다』의 신성한 정신은 얼마나 순수한가! 어

---

7. 쇼펜하우어가 읽었던 『우파니샤드』는 페르샤어 번역을 다시 라틴어로 번역한 것으로 제목이 "우프네카트"(Oupnek'had)라고 잘못 붙여져 있다.

찌 이 책의 값진 가치가 페르샤식 라틴어를 읽는 자에게도 전달될 수 있단 말인가! 어떻게 문장 하나하나마다 굳건하면서도 선명하게 항구적인 의미를 산출해 낼 수 있는가! 모든 장들에는 깊고도 근본적인 숭고한 가치들이 숨어 있으며, 그 위로는 신성한 영혼들이 떠다닌다. 세상 만사는 여기 인도의 대기에서 숨쉬며 자연 속으로 떠올라 온다. … 이 책에 쓰인 고상한 가르침들은 나의 세계 이해에 주춧돌이 되었고, 내 인생의 신뢰로 자리잡았으며, 나의 죽음 역시 이곳에 놓여 있다.[8]

일찍이 유럽에서 인도 사상의 전달자로, 혹은 인도 사상에 심취한 인물로는 쇼펜하우어 외에도 음악가 바그너를 꼽을 수 있다. 그가 인도 사상을 담아 만든 작품인 「승리자」(*Der Sieger*)라는 오페라는 흔히 불교적인 색채가 아주 강한 예술 작품으로 알려져 있다. 그러나 동시에 그가 사용한 게르만식의 중세적인 작곡법으로는 인생과 해탈을 논하는 인도 사상을 제대로 담아낼 수 없다고 하여 강한 비판을 불러일으키기도 했었다. 이로써 바그너는 절친했던 친구인 니체와 결별했는데, 니체는 인도 사상에 대한 흠모보다는 그를 통해 새로운 가치체계를 세우려고 노력했다.[9]

쇼펜하우어가 격찬한 인도의 고전 『우파니샤드』는 인도의 고대 종교철학 사상을 담고 있는 문헌이다. 내용을 보면 시종 비밀스러운 가르침들로 일관되어 있는데, "우파니샤드"라는 말 자체가 학생이 스승의 가르침을 바로 "옆에서 듣는다"라는 뜻이다. 즉, 숨겨진 비밀이 전수된다는 말이 되겠다.

『우파니샤드』는 가장 오래된 인도의 종교전승인 『베다』(*Veda*)의 후속 작품으로 대략 기원전 800년경에 완성되었다. 그러나 『우파니샤드』의 사상세계를 보면, 전편인 『베다』에서 보이는 다분히 낙천적인 생각과는 근본적으로 다르다. 세상만사에 염증을 느끼는 비관주의적 생각들이 이제 인간 존

---

8. Arthur Schopfenhauer 전집 6권: *Parerga und Paralipomena* (Leipzig 1891) 427쪽.
9. G. Lanczkowski, "Rihard Wagner und Indien", *Indien und Deutschland* (Frankfurt a. M. 1956) 23-4쪽.

재에 대한 평가로 등장한다. 인생이란 고통이며, 이 고통은 지금도 계속 그 크기를 더해가고 있다. 이런 사고방식으로부터 인도의 세계관과 인생관을 통합하는 믿음이 도출된다. 모든 사람들은 윤회(Samsara)를 통하여 지상에서 수많은 삶을 누리는데, 윤회란 업보(Karma), 곧 선한 행동뿐 아니라 나쁜 행동들까지도 쌓여서 생긴 결과이다.

한낱 환상에 불과한 이 세상에서 끝없이 윤회한다는 무의미함에서 벗어나려는 소망은 오직 속세를 초월한 신비가에게만 주어진다. 그는 (환상이 아니라) 유일한 실재인 "절대"를 꾸밈없이 깨닫게 되는데, 이 "절대"를 두고 『우파니샤드』에서는 브라흐만(Brahman)이라 부른다. 이제 우파니샤드에 담긴 깊은 신앙심이 나오는 표현을 들어보자.

> 저기 반짝이는 것은 해나 달이나 별이나 땅 위에서 빛을 내는 그 어떤 불꽃도 아니다. 저 찬란한 빛을 발하는 그것을 좇아 삼라만상이 빛을 더하며, 해의 눈부심처럼 이 세상의 모든 것들이 반짝거린다.[10]

『우파니샤드』에 담겨 있는 둘째 사상은 "자아" 또는 "영혼"이라고 고쳐 말할 수 있는데 "아트만"(Atman)이라 불린다. 이 "아트만"이 독일어권으로 넘어와 "숨쉬다"(atmen)라는 동사가 됐다. 『우파니샤드』에 있는 개개 가르침들의 핵심은 "아트만"과 "브라흐만"의 일치라 해도 과언이 아니다. 이 가르침들이 표현되는 방식을 보면 몇몇 고정된 틀을 가지는데, 이를 두고 (잘 알려진 대로) "마하바키암"(Mahavakyam), 곧 『우파니샤드』의 "큰 가르침"이라 일컫는다. 그래서 "타트 트밤 아시"(tat tvam asi), "너 자신이 바로 그것이다"라는 유명한 말도 "너의 아트만이 모든 것을 포함하는 브라흐만과 같다"는 뜻이 된다. 이렇게 신비주의적 지혜에 통달한 이는 더 이상 업보가 쌓이지 않고, 지혜를 통해 인생 윤회의 사슬에서 벗어난다. 다시 말해, 깨

---

10. 『카타카-우파니샤드』 5, 15.

달은 자에게는 땅 위의 모든 가치체계가 부질없는 것으로 비쳐진다.

흔히 세계 부정이나 해탈을 향한 노력은, 결국 이 세상에서 방황만 하는 삶을 무의미하다고 간주해 고행으로 이어진다고 상상한다. 그러나 이런 상상은 우파니샤드 시대 현자들의 실제 모습과는 거리가 멀다. 당시 현자들 중에서도 널리 알려진 야즈나발키아(Yajnavalkia)는 한때 첩을 두었고 세상의 명예도 얻었으며 넓은 농장에서 안락한 삶을 누렸다. 그러다가 어떤 시기에 이르러서야 혼자가 되는, 이른바 "출가"를 했는데 이는 잘 짜여진 브라만 전통에 따른 행동이었다. 그는 바라문 계급으로 지켜야 했던 카스트 제도의 법칙을 준수하여, 출가해 죽을 때까지 금욕적인 생활을 하였다.

불교의 창시자인 붇다(Buddha)는 그가 살던 당시의 바라문 종교에서 보자면 이단자라 할 수 있다. 그는 일찍부터 바라문식의 전통적인 종교행위에 머무르지 않고, 바라문 종교에서 출가자의 금욕생활을 인생의 마지막 과정으로 삼았던 것과는 달리 이를 오히려 종교적인 삶 그 자체로 일반화시켰다. 붇다는 어린 시절 집을 나와 스스로 아주 일찍 출가 상태에 접어들었다.

> 나에게 어떤 시절들이 있었다. 오 아기베싸나(Aggivessana)여!, 내가 검은 머리를 가졌던 연약한 아기 시절, 모든 것을 갖추었던 행복한 어린이 시절, 인생이 처음 꽃피던 시절, 머리카락과 수염을 자르면서 눈물을 흘리던 부모님의 간청을 뒤로 한 채, 나는 황색 옷을 걸치고 집을 나와 출가의 신세가 되었다.[11]

후에 "붇다", 곧 "깨달은 자"라는 칭호를 얻은 고타마 싯다르타는 기원전 560~480년에 인도 동북지방에 살았다. 그가 속했던 계급은 바라문의 바로 다음인 크샤트리아(Kshatriya)였고, 이는 제후나 전사들이 주류를 이루는 계급이다. 그는 왕의 아들이었다고 하며, 그의 아버지가 다스리던 지역

---

11. Majjhima-Nikaya 12; M. Winternitz, *Der ältere Buddhismus* (Religionsgeschichtliches Lesebuch. 2판, Heft 11), Tübingen 1929, 7쪽.

은 네팔 히말라야의 구릉지대였다고 한다. 대략 고대 인도의 카필라바스투〔Kapilavastu, 오늘의 파데리아(Paderia)〕 근처였다고 추정된다.

그의 아버지는 아들이 세상을 싫어하지 않게 하기 위하여 세상의 온갖 영화와 사치와 즐거움을 마련해 주었고 일찍 결혼까지 시켰다. 기록에 보면 싯다르타 부인의 이름이 여러 가지로 틀리게 전해오는데, 아마 그는 여러 명의 부인을 거느렸던 모양이다.

이런 풍족한 세상적인 삶에도 불구하고 그가 후에 붓다가 되는 것을 누구도 막지 못했다. 그는 출가하여 걸인 수도자로서 6년간의 삶을 시작한다. 붓다를 처음 지도했던 인물 역시 어떤 금욕주의자였는데 그는 세상 모든 고통의 원인을 이미 깨달은 달인이었다. 당시에 자신이 겪었던 고행에 대해 붓다는 매우 사실적으로 회고한다.

> 칠흑같이 어두운 숲속에서 발걸음을 멈추었다. 인생의 번뇌에서 아직 벗어나지 못한 이에게는 머리카락이 곤두설 만큼 무서운 곳이었다. 그곳에서 나는 매섭게 춥고도 어두운 날들을 보내야 했다. 밤에는 하늘을 벗삼고 낮에는 미로 속에서 헤매야만 했다. 그러나 장마가 시작되기 전 한여름의 무더위가 찾아오자, 반대로 낮에는 내리쬐는 태양 아래서, 밤에는 깊은 미로 속으로 접어들게 되었다. 그때에 내 머릿속에 의미있게 떠오르던 노래가 있었는데 이는 그 누구도 입에 담지 않았던 가락이다.
>
> 끓는 더위와 얼음 같은 추위
> 소름끼치는 숲속에 홀로 서다.
> 헐벗음과 더위 외에는 벗삼을 이 없으니
> 너 구원을 찾아가는 고행자여.
>
> 그렇게 나는 무덤터에서 시체의 뼈를 베개삼아 누웠다. 소를 치는 목동 아이들이 지나가면서 나에게 침을 뱉었다.[12]

---

12. Majjhima-Nikaya 12; Lord Chalmers, *Further Dialogues of the Buddha I* (London 1926) 53쪽 이하.

이런 가혹한 고행은 붓다를 구원으로 이끌지 못했고, 오히려 그가 고행을 완화시키자 곧이어 깨달음이 찾아왔다. 이것(깨달음)을 통해 붓다는 제자들에게도 "정도(正道)"를 요구했는데 어떤 강도 높은 고행과도 맞먹을 정도로 세상살이를 거부하는 극단적인 덕목이다. 정도에는 "상가"(Sangha)라는 나름대로의 내적인 질서가 있으며 "베타 데바다타"(Vetter Devadatta, 종형제)라는 대상과 싸움을 벌인다.

붓다는 출가고행이라는 원칙을 일생 내내 붙들고 있었다. 수도승[산스크리트어로 빅슈(bhikschu): 팔리어로 비쿠(bhikkhu)]은 (출가고행이라는) 원칙을 좇아 쉬지 말고 유랑생활을 해야만 한다. 그러나 이런 원칙에도 서서히 변화가 생겨 특정한 곳에 거주하는 모습으로 불교의 수행 형태가 바뀌게 되었다. 여기서 우리는 "비하라"(Vihara), 곧 수도원이라는 공간 개념을 만나게 되는데, 이는 원래 인도에서 비오는 철에만 사용되던 주거지역을 뜻한다.

나이란자나(Nairanjana) 강가의 보리수 밑에서 붓다는 깨달음[보디(Bodhi)]에 이르는데, 그는 이것을 다른 사람에게 전하는 일이 쉽지 않다고 생각했다. 그러나 붓다는 베나레스(Benares) 근방의 이시파타나(Isipatana)라는 공원에서 자신의 교설을 "전함"[다르마(dharma), 붓다의 첫 설법]으로써 처음으로 제자들을 거느리게 된다. 붓다의 첫 설법을 두고 불교에서는 "가르침의 바퀴를 돌림"[轉法輪]이라고 하며, 이 가르침은 후에 "사자후"로 비견된다. 특히, 오늘날 불자들은 불교를 숭상한 아쇼카 왕(Ashoka, 기원전 268~277 재위)이 이 첫 설법을 기리기 위해 세운 "사자주두[柱頭]"가 인도 연합의 상징물이 되었다는 사실에 큰 자부심을 가지고 있다.

실제로 초기 불교의 가르침은 붓다의 첫 설법에 모두 다 들어 있다고 해도 과언이 아니다. 붓다는 고통에 가득 찬 윤회라는 사슬의 목표가 브라흐만이 아니라 이른바 "열반"[니르바나(Nirvana)]이라 했는데, 이는 기존의 바라문 종교에서 보자면 분명 이단의 가르침이다. 열반, 즉 "불어서 꺼버림"은 고통에서의 해방으로 정의내릴 수 있으며, 이는 생존의 짐을 지우는 모든 요소들로부터 벗어나는 것이다. 곧, "갈애"(산스크리트어로 trishna, 팔리어로 tanha)라고 표현되는 "삶의 욕구"에서 해방되는 것이 바로 열반이다.

> 어떤 이가 무거운 짐을 내려놓고 이제 새로운 짐을 지지 않는다면, 혹은 어떤 이가 모든 욕구를 그 뿌리로부터 제거한다면, 그는 완전한 만족을 누리게 될 것이다. 그는 완전한 길에 이른 것이다.[13]

이렇게 볼 때, 붓다가 눈에 보이는 모든 존재 현상에 대한 강한 부정을 통해 열반, 곧 구원의 목표에 도달할 수 있다고 말한 것을 이해할 수 있게 된다. "부정"이란 더 이상 물러설 곳이 없는 극단화이자 열반에 들기 위해 이루어지는 실존에 대한 거부이다.

> 만일 어떤 대장장이가 쇠망치를 쳐대어 불꽃을 일으키고, 이렇게 생긴 불꽃이 곧 스러져간다면 보는 이는 그 불꽃이 도대체 어디로 사라져 버렸는지 의아해할 것이다. 이처럼 누구든 욕망의 수갑과 쾌락의 물결 속에서 빠져나와 완전한 자유를 누리는 열반의 기쁨을 맛볼 수 있지만 정작 다른 사람들은 그가 어느 곳으로 가고 있는지 전혀 모르고 있다.[14]

붓다는 그의 첫 설법 후 눈을 감을 때까지의 긴 삶을 제자들과 함께 북부 인도에서 방랑생활을 하며 보냈다. 붓다의 죽음에 대해서는 이른바『대반열반경』(Manaparinibbanasutta)이라는 기록이 있다. 어느 날 붓다는 유랑의 목적지인 쿠시나라(Kusinara)에 다다른다. 여기서 착한 사람으로 널리 알려진 금 세공사 춘다가 붓다와 그의 제자들을 집으로 초대해 같이 식사를 하게 된다. 춘다는 부드럽고 단단한 음식들을 식탁에 펼쳐놓고, 또한 아주 풍성한 산돼지 고기를 내왔다(오늘날까지도 그것이 과연 산돼지 요리

---

13. Samyutta-Nikaya 22, 22: M. Winternitz, *Der ältere Buddhismus*, 52쪽.
14. Udana 8, 10: 같은 책 116쪽.

였는지 버섯 요리였는지 알지 못한다). 아무튼 붇다만 이 부드러운 요리를 실제로 먹었고 다른 제자들은 먹지 못했는데, 붇다 외에는 "인간 세계뿐 아니라 신들의 세계에서 누구도 먹거나 소화시키지 못하는" 음식이었기 때문이다. 그런데 무엇인가 음식에 잘못이 있었던 모양이다.

> 금 세공사 춘다가 준비한 음식을 먹자마자 지독한 설사병이 세존을 덮쳤다. 그 고통은 엄청났고 거의 죽을 지경이 되었다. 그러나 세존은 아무런 내색도 않은 채 한치의 흐트러짐도 없이 이 고통을 견뎌 냈다.[15]

붇다가 총애하던 제자인 아난다(Ananda)에게 죽음을 목전에 앞둔 붇다가 죽음을 준비하는 말을 던진다.

> 아난다야, 이제 너희는 이렇게 생각할지도 모르겠다. "말씀이 그 스승을 잃었구나. 그러니 우리의 스승님도 이제 사라진 것이다"라고 … 자, 아난다야! 그렇게 생각해서는 안된다. 내가 설한 모든 법과 계율이 나의 죽음 후에 너희의 스승이 되리라.[16]

불교가 세계 종교로까지 발돋움해 오늘날의 모습을 가지게 된 것은 물론 붇다의 가르침이 그후로 발전을 거듭해 왔기 때문이다. 붇다의 가르침을 기반으로 여러 가지 추종자 집단들이 생겨났는데, 이들의 흐름을 학파(Schule)라 불러도 좋을 것이다. 그 중 한 가지 흐름은 "소승"(Hinayana)이라고 불리며, 다분히 보수적인 성향을 가진다. 원래 "소승"이란 거기에 반대 입장을 취하던 이들이 비아냥거리는 뜻에서 붙인 별명이었는데, 오히려 나중에 이 흐름의 공식적인 명칭이 되었다. "소승"에서 강조한 점은 엄격한 승려생활과 그에 따른 갖가지 계율들이며, 이를 실천해야만 열반에

---

15. 같은 책 22쪽.
16. 같은 책 19쪽.

들 수 있는 해방의 힘을 얻는다고 가르친다. "소승"은 주로 남방-남동방 아시아로 퍼져나갔는데, 이를 두고 "소승불교"(Hinayana-Buddhismus), 혹은 "남방불교"라 부른다.

보수적인 성향을 띤 소승불교와는 반대로 "북방불교", 혹은 "대승불교"(Mahayana-Buddhismus)라고 불리는 흐름은 속세라는 거대한 영향권을 염두에 두고 "대승"이라는 개념을 통해 많은 사람들을 구원한다는 성격을 가진다. 또한 "대승"이라는 사상 안에는 불교가 전해진 나라에 원래 있던 신앙 형태와의 화합 가능성도 크게 열려 있다. 대승불교는 인도 북쪽인 티벳과 몽고 그리고 중앙아시아로 건너갔다가 중국, 한국을 지나 일본에 이른다.

앞에서 살펴본 대로 대승불교와 소승불교로 구분하는 데는 지리적·문화적 조건도 기준이 되기는 하지만, 가장 중요한 차이는 결국 붇다라는 존재와 그의 가르침을 이해하는 방식이라 하겠다. 이는 초기 불교에서부터 이미 각양각색의 붇다 이해가 등장했다는 사실에 근거를 두며, 나름대로의 이해를 바탕으로 전도활동이 이루어져 왔음을 전제한다. 붇다의 가르침에 보면,

> 나에게는 나 자신 외에 어떤 다른 스승이 없다. 신과 인간 세계를 통틀어 나는 두번 다시 있을 수 없는 존재이다. 나는 이 세계의 단 하나뿐인 성인(聖人)이며, 다른 누구와도 비교할 수 없는 스승이다. 나 스스로 가장 완벽한 등불이다. 나는 알아채는 이 아무도 없이 조용히 열반에 들어선다.[17]

이처럼 신화 속에서나 나올 법한 이야기가 후에 불교 신앙의 한 줄기로 자리잡았고, 여기서는 붇다가 원래 엄청난 자의식을 가지고 있었다고 하여 그의 초월성을 강조한다. 붇다는 태어나자마자 일곱 걸음을 떼어놓고 천지 사방을 둘러본 후 말을 꺼낸다.

---

17. 같은 책 11쪽.

천상천하 유아독존(天上天下唯我獨尊), 나의 출생은 이번이 마지막이다. 나는 앞으로 태어남과 늙음과 죽음의 문제를 모두 해결할 것이다.[18]

초기 불교에서는 붓다를 한면으로는 신들과 인간들 위에 서 있는 존재로, 그리고 다른 한면으로는 신의 가르침을 베푸는 완벽한 스승으로 받아들였는데, 이런 아슬아슬한 한계는 대승불교로 오면서 사라진다. 이제 붓다는 종교적 영광에 싸인 신성한 존재로 추앙되고, 그를 의심없이 신으로 모시는 두터운 믿음이 등장한다. 벵갈의 브라만 종교에서 불교로 전향한 어떤 불자는 「신을 찬양하는 백 번의 절」이라는 글에서 붓다를 다음과 같이 칭송한다.

자비로우신 분, 오, 신들의 주인이시며 세계의 주인이신 승리자 붓다여! 당신은 영광받으시기에 합당하신 분, 오, 죄의 정복자, 모든 악한 마음의 반대자, 욕정의 반대자, 어둠의 세력을 발 아래 굴복시키신 분, 당신에게 나의 몸과 말과 영광을 바칩니다.[19]

이렇게 붓다를 초월적인 존재로 칭송한 배경에는 붓다가 영원 전부터 존재했고 가르쳤다는 사상이 들어 있다. 즉, 영원한 분인 붓다가 싯다르타라는 인간의 이름을 가지고 종교의 창시자, 위대한 스승으로 인간 역사에 모습을 드러냈다는 말이다. 이런 사상에 걸맞게 바야흐로 역사의 붓다가 열반에 바로 들었다는 사상에 교의적인 성격이 부여된다. 단지 (열반)의 문이 닫혀졌기 때문에 분리된 듯이 보일 뿐이지 붓다가 더 이상 존재하지 않는다는 뜻은 아닌 것이다.

이타적인 행동에 힘입어 구원을 얻게 된다는 사상이 대승불교의 저변에 깔려 있는데, 이는 강력한 윤리 원칙인 "자비"(Karuna)를 강조한 것을 보

---

18. M. Winternitz, *Der Mahayana-Buddhismus*, Religionsgeschichtliches Lesebuch 15권. (Tübingen 1930) 9쪽.
19. 같은 책 20쪽.

아 알 수 있다. 고대 불교의 자기 구원이라는 목표가 행동이라는 윤리적인 품성을 통해, 구원론적인 의미에서 어느 정도 부드러워졌다고 하겠다.

위와 같은 이해를 거쳐 이제 불교에는 구원받은 모습으로 "보디사트바"(Boddhisattvas, 깨달은 이, 보살)라는 종교적인 개념이 들어온다. 보디사트바는 단적으로 붇다의 계승자이며 또한 미래의 붇다로서 열반에 들어가게 된다. 그의 궁극적인 구원은 아직 구원이 이루어지지 않은 인간 세상에서 베풀어야 할 끝없는 자비와 도움으로 환원된다. 이를 통해 보디사트바는 점점 신적인 존재에 접근해 가는데, 그의 입에 담겨지는 말을 보면,

> 나에게 허락된 구원, 그 깨달음으로 통하는 길을 생각해 보며, 이것이 모든 중생에게도 역시 깨달음으로 전해지기를 바란다. 몸과 영혼이 병들어 있는 이 세상 모든 중생들이 나의 노력을 통해 행복과 축복의 바다에 이르기를 바라노라.[20]

구원에 관한 이런 유의 이해는 초기 불교에서 원래 지향했던 적정과 소멸이라는 구원의 이상과는 거리가 멀다. 사실 대승불교에서는 "열반"(Nirvana)이 서쪽 어딘가의 극락(Sukhavati), 즉 인간 세상에서 통용되는 최고의 행복들이 전부 모여 있는 "행복한 나라"로 대체된다. 극락은 아미타불(Buddha Amitabha), 곧 "무량광불"이 지배하는 곳이다. 땅 위에서는 장차 다가올 미륵불(Buddha Maitreya)을 기대하는데, 그는 앞으로 이 땅 위에 "행복한 나라"를 건설할 자이다. "사랑으로 가득 찬" 미륵불은 흔히 몸은 깡말랐으나 행복이 가득한 표정을 한 수도승의 모습으로 형상화된다.

『우파니샤드』의 신비주의, 그리고 붇다의 가르침과 함께 인도를 근원지로 하는 또 하나의 유명한 사상은 『바가바드기타』(Bhagavadgita)이며, 이는 낭만주의 시대의 유럽에서 인도를 향한 열광적인 호응을 불러일으키는

---

20. 같은 책 60쪽.

계기를 만들기도 했다. 『바가바드기타』, 번역하여 "숭고한 자의 노래"는 유럽에서 이루어진 인도학 연구 역사에서 큰 비중을 차지하고, 또한 유럽권에서 출판된 최초의 인도 관련 번역서라는 점에서도 특별한 의미를 가진다. 1823년에 본에서 슐레겔(A. W. Schlegel)에 의해 산스크리트어로 찍혀진 『바가바드기타』는 당시에 산스크리트어 활자가 유럽에 없어 일일이 손으로 써넣었다는 일화를 남겼었다.

『바가바드기타』에 심취한 대표적인 인물은 훔볼트(W. v. Humboldt)로 그는 1823년 6월 21일에 슐레겔에게 다음과 같은 편지를 쓴 바 있다.

> 아득한 때부터 전해 내려온 그 거대하고 심오한 인간 이해가 우리에게도 읽혀지게 되다니! 이 글은 인간들이 만들어 낸 모든 영적 발전과 그 뒤에 숨어 있는 헤아릴 수 없는 풍성함을 한 점에 모아놓은 것만 같았다.

몇 년 뒤인 1828년 3월 1일에 훔볼트는 겐츠(F. v. Gentz)에게 다시 『바가바드기타』에 대한 편지를 보냈다.

> 나는 오데르 강 상류 슐레지엔(독일의 지명)에서 처음으로 이 인도의 시를 읽게 되었다. 그후 줄곧 나에게는 이 작품과 만나게 해준 운명의 신에게 감사하는 마음이 떠나지 않았다.

『바가바드기타』, 줄여서 그저 『기타』(Gita)라고도 불리는 이 고전 작품을 힌두교에서는 가히 압도적인 가치를 지닌 귀중한 유산으로 받아들인다. 『기타』는 예부터 내려오는 교훈적인 이야기들로 구성되어 있는데, 이 이야기들은 인도의 위대한 국가 서사시인 「마하바라타」(Mahabharata)에도 편입되어 있다. 『기타』의 가르침은 붇다의 그것과는 달라 상당히 유신론적이다. 여기서는 제11장에 나오는 크리슈나(Krischna)의 신현에 관한 이야기가 정점을 이루며, 우주의 거대한 모습을 이야기에 담고 있다.

「마하바라타」에서는 바라타(Bharata) 나라의 왕이 되려고 싸움을 벌이는 판다바(Pandavas)와 카우라바(Kauravas)의 운명에 대해 이야기된다. 둘은 서로 원수가 되어 싸우기는 하지만 원래는 친척간이며 성격도 매우 비슷한 인물로 묘사된다. 이제 양쪽 군대가 전투 준비에 임해 마주하여 서 있다. 판두 형제 가운데 하나인 아르쥬나(Arjuna) 역시 전차에 타고 있는데, 마음으로는 큰 혼란을 겪는다. "혹시 이번 전투에서 상대편에 선 친척들 중 하나를 죽이면 어떻게 하나 …" 이때 아르쥬나를 전차장으로 도와 주고 있던 크리슈나 신이 그가 세상을 살아나가는 데 (전쟁이라는 상황에서) 반드시 지켜야 할 의무들을 알려준다. 그리고 세상만사의 무상함에 대한 암시를 통해 영혼의 영원함과 참 가치 역시 가르쳐 준다.

> 영구하고 불멸이요, 측량할 수 없는 육신의 소유주가 지닌 이 몸들은 유한하다고 말한다. 그런즉 싸워라. 오 바라타의 아들이여![21]

세상에 대한 의무를 정초한 것 외에도 『기타』에는 중요한 가르침들이 들어 있는데, 이를 통해 신에 대한 이해를 읽어볼 수 있다. 크리슈나는 자기가 세상에 다시 태어나게 된 윤리적 동기를 밝힌다.

> 의(義)가 쇠하고 불의(不義)가 흥할 때마다, 오 바라타의 자손이여, 나는 자신을 (세상에) 내어보낸다. 선한 자들을 보호하고 악한 자들을 멸하기 위하여, 의(義)의 확립을 위하여, 나는 유가마다 세상에 온다.[22]

세계의 주기마다 땅 위에 다시 태어나서 선을 이룩한다는 크리슈나의 이 선포는 신들이 때때로 인간의 형상을 취한다는 믿음 위에 서 있다. 곧 신의 구원사적인 화육인 신의 하강(Avatara)에 대한 가르침이다.

---

21. 『바가바드기타』 II, 18: 길희성 역
22. 『바가바드기타』 IV, 7-8: 길희성 역.

참고문헌: Ludwig Alsdorf, *Deutsch-Indische Geistesbeziehungen* (Heidelberg 1942); Heiz Bechert, *Buddhismus, Staat und Gesellschaft in den Ländern des Theravada-Buddhismus* 3권 (Wiesbaden 1966-1973); Alfred Bertholet, *Buddhismus im Abendland der Gegenwart* (Tübingen 1928); Edward Conze, *Der Buddhismus* (Stuttgart 1956); Paul Deussen, *Sechzig Upanishad's des Veda* (Leipzig 1897/Darmstadt 1963); Erich Frauwallner, *Geschichte der indischen Philosophie* (Salzburg 1953-1956); Richard Garbe, *Indien und das Christentum* (Tübingen 1914); Helmuth von Glasenapp, *Die Religion Indiens* (Stuttgart 1956); Jan Gonda, *Die Religion Indiens* (Stuttgart 1960-1963); Friedrich Heiler, *Die buddhistische Versenkung* (München 1918); 같은 이, *Die Mystik in den Upanishaden* (München/Neubiberg 1925); 같은 이, *Christlicher Glaube und indisches Geistesleben* (München 1926); Klaus Klostermaier, *Hinduismus* (Köln 1966); Hermann Oldenberg, *Die Lehre des Upanishaden und die Anfänge des Buddhismus* (Göttingen 1923); 같은 이, *Buddha. Sein Leben, seine Lehre, seine Gemeinde* (Stuttgart 1959); Sarvepalli Radhakrishnan, *Indische Philosophie* (Darmstadt 1956); 같은 이, *Die Bhagavadgita, Deutsch von Siegfried Lienhard* (Baden-Baden 1958); Dieter Schlingloff, *Die Religion des Buddhismus* (Berlin 1962-1963); Leopold von Schröder, *Bhagavadgita, Des Erhabenen Sang* (Düsseldorf 1955); Albert Schweitzer, *Die Weltanschauung der indischen Denker* (München 1965); Dietrich Seckel, *Kunst des Buddhismus* (Baden-Baden 1962); Pero Slepcevic, *Buddhismus in der deutschen Literatur* (Wien 1920); Otto Strauss, *Indische Philosophie* (München 1925).

3. 이슬람 종교

유럽의 종교 역사가 비록 일정 기간 동안이기는 하지만 유교 등의 중국 종교에 상당한 친화력을 보여주었다는 사실과 비교한다면, 이슬람 종교와의 관계는 한마디로 호교론적인 지평에서 이해할 수 있다. 수백년에 걸쳐 유럽과 이슬람 세계는 서로를 헐뜯기 바빴고, 이는 모두 종교적인 적대관계에서 비롯되었다고 해도 과언이 아니다.

　이슬람은 한때 팔레스타인 지방(현재 이스라엘 땅)에서 그리스도교의 성지를 지배했으며 동방으로 끝없이 뻗어나가려는 유럽 그리스도교의 기운을 막는 일종의 담 역할을 했다. 또한 이슬람은 위대한 예언자 무함마드(Muhamed)가 죽은 632년부터 군사적인 주도권을 장악해 유럽으로 정복해 들어왔고 지중해 유역의 아프리카를 장악해 로마 제국이 기울인 영토확장 노력에 찬물을 끼얹기도 했다. 이슬람은 유럽 고대 문화 발전에 최대의 방해꾼이었다. 유럽으로 진출한 용감한 무슬림(이슬람교도) 군대는 711년에는 스페인 지방의 서고트 왕국을 쳐부수었고, 이베리아 반도에 살던 그리스도교인 주민들과 지배자를 정복했으며, 1492년에는 그라나다를 멸망시켰다. 또한 이슬람과 터키 연합군은 1453년에 동로마 제국의 수도인 콘스탄티노플(Konstantinopel)을 빼앗아 발칸의 광활한 땅을 손에 넣었다. 이들 연합군은 1529년과 1683년, 두 차례에 걸쳐 비엔나를 위협하기도 했다.

　그리스도교와 이슬람교, 물과 기름과도 같았던 두 종교 세계는 때로는 밀접한 접촉으로, 때로는 적대적인 대립으로 관계를 맺었으며, 그때마다의 상황에 따라 수시로 다른 모습과 내용의 호교론적인 배경을 가지곤 했다. 두 종교는 서로가 서로를 기만했고 비난을 퍼부어댔다. 무슬림들은 그리스도교에서 가치있다고 여겨지던 경전들을 무함마드의 예언들에서 고의로 누락시켰고, 삼위일체 가르침에 대해서도 결국 세 신을 모시는 꼴이므로 그리스도교란 따지고 보면 다신교에 불과하다는 공격도 서슴지 않았다.

요하네스 폰 다마스쿠스(Johannes von Damaskus, 700~753)라는 유럽인은 오랜 기간 동안 알 마주르(Al-Masur)라는 이슬람식 이름을 가지고 칼리프의 재정을 맡았던 인물인데, 자신이 쓴 여러 책들을 통해 이슬람과 많은 논쟁을 벌였다. 아마 그가 처했던 특수한 신분 덕에 이슬람 세계를 더 가까이에서 알 수 있었던 모양이다. 그는 무슬림들이 일삼았던 공격들, 이를테면 그리스도인들이 섬기는 십자가는 일종의 우상이 아니냐는 논리에 대해서는, 그렇다면 무슬림들이 받들어 모시는 "검은 돌"[메카 성지 내의 카바(Kaaba)에 있음]은 도대체 무엇이냐고 반박했다. 그런가 하면, 이슬람의 "결정론"(Determinismus)에 대하여 "자유의지"를 특히 그리스도교적인 것으로 제시했고, 이슬람의 일부다처제에 대해서도 공격했다. 일부다처제에 대한 비난은 세월이 흘러 중세가 되도록 그치지 않았다. 요하네스의 비판들은 한결같이 이슬람의 대예언자 무함마드가 가진 인간적인 약점을 부각시키는 데 역점을 둔 것들이었다. 이슬람에서 무함마드가 차지하는 위치는 모두 호교론적인 전설들로 치장되어 있었다. 그래서 무함마드가 신적인 인물로 모셔지는 현상을 고깝게 생각해서인지는 몰라도 단테의 『신곡』에서는 무함마드와 그의 사위인 알리(Ali, 넷째 칼리프)를 모두 여덟번째 지옥에 보내버렸다.

> 보라, 무함마드는 동강이 났다.
> 그의 얼굴에서 머리카락과 턱이 떨어져 나갔다.
> 여기 내 앞에 울고 있는 놈이 누구인가 했더니
> 바로 알리로구나.
> 이런 유의 모든 다른 놈들도 마찬가지 운명에 빠졌다.
> 살아 생전 싸움질과 불화만 일삼더니,
> 인간 세상에 해만 끼치더니,

모두들 자기가 저지른 죄과로 인해
파멸하여 이곳에 떨어졌구나.[23]

레씽(Lessing)의 연작시에도 나와 있듯이, 십자군 전쟁 때는 평화와는 거리가 먼 시절이었다. 그러나 적대 일로로만 치닫던 이슬람과 유럽의 관계는 괴테가 쓴「동방의 디반(Diwan, 터키의 추밀원)에 보내는 부탁」이라는 글을 통해 약간 부드러워졌으며, 19세기에 들어서야 비로소 이슬람학이 유럽에 생겨 무함마드가 가지는 진정한 의미를 재평가하기에 이르렀다. 그후 유럽에도 "무함마드 재단"이 생겼고 1938년에는 헝가리에서 동방학박사인 율리우스 게르마누스의 제창에 따라 최초로 이슬람 관계 학술회의가 열렸다. 율리우스는 『알라 아크바』[24]라는 이슬람 소개 책자를 써서 유럽 전역에 큰 반향을 불러일으켰다.

동방 이슬람 세계에 대한 유럽의 관심은, 과거에는 그리스도교를 지키려는 호교론적인 입장이 주류를 이루었기 때문에 심한 편견과 그릇된 이해를 불러일으켰지만, 일면 이슬람의 각종 문헌들을 통해 무엇인가 알아보려는 노력도 미약하게나마 병행되었다. 이슬람 세계에서 종교뿐 아니라 모든 일상생활에 이르기까지 가히 절대적인 힘과 권위를 가지고 있는『쿠란』(Koran)은 1143년에 라틴어로 유럽에서는 처음 번역되었으며, 400년 후에는 루터의 계획하에 재판(再版)이 간행되었다. 그뒤로 이제까지 많은 쿠란의 현대어 번역들이 이루어졌다.

"아랍어로 선포된" 예언자 무함마드의 계시들을 담고 있는『쿠란』은, 놀라울 정도로 그 계시들을 충실하게 전달한다는 특징을 가진 책이다. 이미 무함마드가 살아 있을 당시에 그를 곁에서 따르던 이들이 최초의 무슬림 공동체를 만들었고, 아부 바크르(Abu Bakr, 632~634에 칼리프를 지냄) 때에 무함마드가 한 예언들을 가능한 많이 수집하여 처음으로 일종의 "예

---

23. 단테, 『신곡』 연옥편 28,31-36.
24. Julius Germanus, *Allah Akbar. Im Banne des Islam* (Berlin 1938).

언 모음집"을 출간했다. 후에 세번째 칼리프인 오트만(Othman, 644~656에 칼리프를 지냄)은 무함마드가 세상을 떠난 20년을 기념하여 예언집을 재편집하라는 명령을 내렸다. 오트만은 그간에 범람하던 모든 이본(異本)들을 없애는 대신 자신의 명령에 따라 편집된 책을 가장 권위있다고 하여, 네 개의 사본을 만들어 이슬람의 거대 도시들인 메카(Mekka), 바스라(Basra), 다마스쿠스(Damaskus), 메디나(Medina)에 보관시켰다. 이 책들이 가지는 정통성은 오늘날까지도 존중을 받는다.

『쿠란』은 전체가 114개의 부분으로 나뉘어 있고, 이 각 부분들을 수라(Surah, 章)라 부른다. 수라들의 순서는 점차적으로 짧아지는 길이에 따라 정해졌다. 또한 시간적으로 볼 때, 무함마드의 생애중 후기에 속하는 메디나 시절의 행적과 가르침이 그에 선행하는 메카 시절의 계시들보다 앞에 나온다. 그리고 『쿠란』의 맨 앞부분에는 무함마드의 총괄적인 계시를 담은 일곱 개의 짧은 수라들이 위치해 있다(다시 말하자면, 『쿠란』은 일곱 개의 계시 - 메디나 - 메카 순으로 구성된다).

아랍의 예언자이며 『쿠란』을 구성하는 계시를 한 바 있는 무함마드는, 자신이 그의 민족에게 전달하고자 했던 계시들 뒤에 서 있는 인물이다. 그는 569년에 태어나 632년에 사망했으며, 가계로 보면 메카에서도 지배계층에 속하던 쿠라이쉬트(Quraischit) 가(家) 출신이다. 그러나 비록 훌륭한 가문에서 태어나기는 했어도 그의 부모는 무함마드가 아주 어렸을 때 죽었기 때문에 불행한 어린 시절을 보냈다고 한다. 누구도 돌보아주는 이 없는 힘든 인생을 살아야 했던 그는 나중에 부자 상인의 미망인인 카딧샤(Chadidscha) 밑에서 일하다가 25세가 되던 해에 당시 40세였던 그녀와 결혼했다. 그녀는 변치 않는 진심으로 예언자 생활을 하던 무함마드를 보필했고, 그 역시 50세쯤 되어 그녀가 죽을 때까지 일부일처로 지냈으며 그녀의 죽음 후에야 비로소 일부다처를 맺었다고 한다. 무함마드의 인생 후반기에 그에게 각별한 사랑을 받았던 부인은 아이샤(A'ischa)로, 그가 죽은 후 초대 칼리프로 선정된 아부 바크르의 딸이었다.

무함마드는 꿈과 환상을 통해 장차 그가 겪을 종교적인 체험을 전달받았다. 그가 몇 달간 외부와의 접촉을 일체 끊고 은신했던 히라(Hira) 산에서 40세가 되던 해에 가브리엘(Gabriel) 천사에게 처음으로 계시를 받는데, 이를 통해 그는 자신이 아랍 민족의 예언자로 부름받았다는 사실을 깨닫는다. 그러나 무함마드는 예언자 생활 내내 "그가 받은 계시가 고대 아랍인들이 믿었던 정령인 '진'(Dschinn)에게 미혹을 당한 것"이라는 비난에 시달렸다. 이때마다 그는 계시를 준 바 있는 가브리엘 천사를 거론하면서 자신을 방어했다고 한다.

> 실로 이것은 고귀한 사도가 전한 말씀이다. (가브리엘 천사)는 하느님 권자 앞에 줄지어 서 있는 강한 자로 순종하고 믿음직스럽도다. 불신자들이여! 너희의 동반자는 미친 자가 아니며 그(무함마드)는 청명한 지평선 위에 있는 그(가브리엘)를 보았으며 …[25]

무함마드가 한 "방어의 말"이란 그와 적대관계에 있던 지역의 세력가들로부터 (지역신인 진을 지키기 위해) 도전을 받았다는 사실을 내포한다. 따라서 무함마드와 그의 추종자들은 이를 피해 다른 지역으로 옮겨야 할 처지에 놓였고 때마침 메카 북쪽에 있는 야트리브(Jathrib)라는 도시 사람들은 그에게 자신들의 도시로 와달라는 요청을 했다. 그리고 이 기회에 도시 이름마저 메디나(Medina), 곧 "예언자의 도시"로 바꾸었다고 한다. 622년에 무함마드가 메디나로 옮겨앉은 사건[헤지라(Hedschra), "이주"라는 뜻]과 더불어 무슬림들의 연대 계산이 시작된다.

"이주" 사건으로 인해, 말하자면 무함마드에게는 더 이상 메카의 세력가 집단과 싸워야 할 이유가 없어진 셈이고, 바야흐로 메디나 도시의 주인으로 들어앉게 되었으며 이제 그에게 도시의 새로운 질서를 수립해야 할 과

---

25. 수라 81,19-23; 본문은 최영길 역, 『꾸란 해설』, 송산출판사 1988을 따랐음.

제가 주어졌다. "이주" 사건은 한마디로, 이슬람 역사에서 큰 의미를 가진다고 말할 수 있다. 명실공히 무함마드는 이슬람의 지도자로 부각되어 아랍인들이 지배하는 거대한 지역을 건설할 책임을 떠맡게 된 것이다.

반대로 당시의 유대인들은 메디나의 무함마드 예언자에게 강한 거부감을 보여주었고 구약성서를 바르게 깨닫지 못했다는 비난을 하여, 마침내 이슬람이 하나의 독립 종교로 자리잡는 계기를 제공했다. 유대인들의 비난에 대해서 무함마드는 진실하고도 올바른 "아브라함 종교"를 실제로 왜곡한 자들은 다름아닌 유대인과 그리스도인들이라며 반격에 나섰다. 그는 자신들만이 근동 지역의 수많은 다신교들이나, "모세 신앙"을 가진 유대인 그리고 신을 셋씩이나 모시는 그리스도교와 구별되는 진짜배기 유일신 종교라는 점을 강조했다.

이슬람 종교의 역사에 끼친 무함마드의 또 다른 막대한 영향은 기도하는 방향[키블라(Qibla)]이 그전까지 예루살렘이었던 것을 카바(메카)로 바꾸었다는 점이다. 이를 통해 무함마드는 자신이 태어난 도시를 이슬람교 전체의 "성스러움"을 이어받은 곳으로 제시했는데, 사실 고대 아랍인들 사이에서도 메카를 신성한 곳으로 여기는 전통이 있었다고 한다.

8년간 메카를 떠나 있던 무함마드는 종교적인 승리를 등에 업고 메카의 몇몇 지배세력들과의 전쟁을 거쳐 이 신성한 도시를 다시 손에 넣게 되었다. 메카로 돌아온 후, 무함마드는 죽기까지 2년간 스스로 카바에 대한 새로운 순례법칙을 완성시켰고 632년 6월 8일에 임종을 맞았다.

무함마드가 한 종교적 선포는 크게 두 가지로 압축시킬 수 있다. 그 하나는 다신적 사고를 가지고 있던 아랍인들에게 유일신 알라에 대해 강력한 인식을 불어넣어, 알라를 섬겨야 할 오직 하나뿐인 신으로 제시했다. 『쿠란』 112장에 보면 신의 단일성에 대한 고백이 강한 구속력을 가지고 씌어 있다.

    일러 가로되, 하느님은 단 한 분이시고
    하느님은 영원하시며

낳지도 않고 태어나지도 아니했으며
그분과 대등한 자 세상에 없도다.

무함마드의 선포 중 또 한 가지 강조된 것은 자신을 따르는 아랍인들이 장차 세상 종말에 닥칠 최후심판을 준비하게 되리라는 가르침이었다. 그는 최후심판을 묵시문학적 감각으로, 엄청난 일이 벌어지는 날로 묘사했다.[26]

> 하늘이 갈라지고
> 별들이 흩어지며
> 바다가 열리어 하나가 되고
> 모든 무덤이 열리어 뒤엎어지며
> 그때 모든 인간은 앞서 있었던 것들과 미루었던 것들을 알게 되나니
> 인간들이여! 가장 은혜로우신 그대 주님으로부터 무엇이 너희를 유혹했느뇨!
> 그분(하느님)께서 너희를 창조하고 형상을 만든 후 균형을 주시었고
> 그분(하느님)이 원하시는 형태로서 너희를 구성하였으나
> 너희는 진리와 심판을 거역하매
> 너희를 감시하는 이들을 두도다.
> 이들은 명예로운 기록자들이매
> 그들은 너희가 행한 모든 것을 알고 있도다.
> 실로 의로운 자들은 축복 속에 있게 되나
> 사악한 자들은 불지옥에 있게 되나니
> 그곳은 심판의 날 그들이 들어갈 곳으로
> 그때 그들은 그곳으로부터 결코 나갈 수 없도다.
> 심판의 날이 무엇인지 무엇이 너희에게 알려주리오?
> 그날은 누구도 타인에게 효용이 없는 날로 하느님의 명령만 있을 뿐이라.

---

26. 수라 82.

"이슬람"이란 알라에 대한 완전한 헌신을 뜻한다. 이는 비단 올바른 믿음을 통해서만 드러나는 것이 아니라 경건함을 보여주는 행위에서도 드러난다. 모든 무슬림들을 하나로 묶어주는 "이슬람의 다섯 기둥"이라는 것이 있는데, 이는 무함마드의 가르침에서 기인한다. 이에 따르면 무슬림들은 하루에 5회씩 일정 방향을 두고 기도해야 하며, 가난한 이를 돕는 구제금을 내야 하고, 라마단(Ramadan) 달의 금식, 메카 순례 등이 있다. 특히, 메카 순례는 모든 무슬림들이 경제적·육체적 여건이 허락할 때 일생에 반드시 한 번 이상 치러야 할 의무이다.

"다섯 기둥"을 보충해 주는 또 다른 의무들로는 성전[聖戰, 지하드(Dschihad)]에 참가하는 일, 술과 노름을 멀리하고 돼지고기 등의 더러운 것에 손대지 않는 일 따위가 있다.

혼인법에 보면 한 남자가 동시에 네 여자를 부인으로 둘 수 있고, 노예들과는 언제나 자유롭게 성관계를 가질 수 있다. 이는 물론 남자가 상당한 재산을 가지고 있어야 가능한 일이고, 따라서 지난 수세기 동안 강한 비판을 받아왔으나 오늘날까지도 여전히 바뀌지 않았다. 이 원칙도 실은 무함마드가 자기 이전에 문란했던 아라비아의 풍습을 개선한 것이다.

이슬람의 교의론(Dogmatik)에 보면 어떤 정해진 규격이 있지는 않다. 절대수의 무슬림들은 정통성을 지녔다고 알려진 갖가지 교의적인 전통들과 가르침들을 존중하며, 그것들을 이른바 "순나"(Sunna, 관습)로 개념화시켰다. 그리고 순나라는 개념에서 유추된 "순니파"(Sunniten)에서 알리(Alis, 무함마드의 사위이며 네번째 칼리프)를 추종하던 세력이 회교 정통주의를 기치로 내걸고 분파를 이루어 나왔다. 이들이 후에 "알리당"[쉬아 알리(Schi'at Ali)]을 구성한다. "쉬아"는 페르샤 대부분의 지역에서 세력을 구축했으며, 비록 내부적으로는 색을 달리하는 수없이 많은 소분파를 가지고 있으나, 역시 알리를 무함마드의 유일한 계승자로 보는 입장은 공통적이라 할 수 있다. 쉬아의 가르침에 따르면, 무함마드는 죽기 전에 알리에게 이슬람의 궁극적인 비밀을 전수했고, 알리는 자신의 가족들에게만 이 비밀스런 지혜를 넘겨주었다. 따라서 그의 후손들이 곧 이슬람의 정신적인 지도자이자 비밀스러운 지식의 소유자인 이맘(Imâm)들이 되는 것이다.

참고문헌: Tor Andrae, *Mohammed* (Göttingen 1932); 같은 이, *Islamische Mystiker* (Stuttgart 1960); Frants Buhl, *Das Leben Mohammeds* (Darmstadt 1961); Louis Gardet, *Islam* (Köln 1968); Ignaz Goldziher, *Vorlesungen über den Islam* (Heidelberg 1925); Gustav Edmund von Grunebaum, *Der Islam im Mittelalter* (Zürich 1962); Rihard Hartmann, *Die Religion des Islam* (Berlin 1944); Max Henning 역, *Der Koran* (Annemarie Schimmel의 설명이 첨가됨, Stuttgart 1960); *Der Koran* Rudi Paret 역 (Stuttgart 1966); 같은 이, *Kommentar und Konkordanz* (Stuttgart 1970); 같은 이, *Mohammed und der Koran* (Stuttgart 1966); Anton Schall, *Fremde Welt Islam. Einblicke in eine Weltreligion* (Mainz 1982); Arent Jan Wensinck/Johannes Hendrik Kramers 편, *Handwörterbuch des Islam* (Leiden 1941); Geo Widengren, *Muhammad the Apostle of God* (Uppsala 1955).

4. 일본의 신도 종교

오늘날 세계적으로 일본의 명상불교인 선(禪) 불교에 대해서는 많은 관심을 가지고 있지만, 그와 더불어 놀라울 정도로 일본 사회에 뿌리박고 있는 또 다른 종교에 대해서는 별로 알려져 있지 않다. 이른바 신도(神道)라고 불리는 일본의 토착종교는 비록 이차 대전 이후 이 종교에 대한 국가의 보조금도 끊어졌고, 많은 이들이 한때 신도 종교는 일본에서 자취를 감추었다고까지 말했지만 새로운 시대에 접어들면서 더욱 강력한 모습으로 재생됐다.

신도라는 일본의 토착종교는 원래 무엇이라고 이름붙일 필요가 전혀 없었는데, 이는 단지 이 종교의 구성물이 몇몇 제의뿐이었기 때문이다. 그러다가 552년에 불교가 처음 (한국을 통해) 일본 땅에 건너왔고 일본 땅 전역을 마치 떠오르는 태양처럼 찬란하게 비추었다. 따라서 불교에 대응하여 언어적인 정의가 요구되었으며, 이에 걸맞게 불도(佛道), 즉 "붓다의 길"을 본떠서 "신도"라 불리게 된 것이다.

신도란 단어는 일본식 한자어이다. 그 뜻은 "길"을 의미하는 중국의 종교 개념인 도(道)와 누멘적 존재를 가리키는 신(神)을 한데 묶은 것이다. 신도를 일본말로 하자면 "카미노 미치"인데 여기서 "카미"가 곧 신이란 뜻이다.

카미는 신도의 중심 개념으로 정의내릴 수 있으며 언어적으로는 신을 일컫는 아이누어인 "카우니"와 일맥상통한다. 카미를 번역하자면 "위에 계신 분", 혹은 "높이 계신 분" 정도가 될 것이다. 원래 이 낱말은 종교적으로 공경받아 마땅한 모든 대상을 총괄한 일반적인 개념이었지, 신들만을 두고 쓰여지지는 않는다. 말하자면 동물, 나무, 바다, 산 등도 카미의 성격을 가진다. 인간의 영역에서는 일본 천황인 텐노가 카미의 현신으로 간주된다.

신도는 오랜 세월을 두고 언제나 그 모습을 달리해 왔다. 552년까지 일본 땅에서 독보적인 위치에 놓여 있던 신도 종교는 대륙에서 전래된 불교 때문에 지배적인 위치를 잃게 된다. 그후에 두 종교가 서로 대립하던 기간을 거쳐, 결국 모두 생존해야 한다는 필요성에 따라 공생의 길로 접어든다. 18세기 중엽 이후에 일본의 국수주의적인 학자들에 의해 천황 복권 운동이 활발히 벌어지는데, 이들의 목표는 이차 대전 이후 최근까지도 수십 년간을 천황으로 살아남았던 히로히토의 할아버지인 메이지 텐노(1867~1912)가 1868년에 일으킨 소위 "명치유신"이라는 것을 통해 실현되었다. 메이지는 지금까지 은거해 있던 교토에서 도쿠가와(德川) 장군의 성이 있던 에도로 거처를 옮겼다. 수도를 옮긴 사건에는 이미 상당한 종교적인 의미가 포함되어 있었고, 1871년에 반포된 칙령은 이 점을 더욱 두드러지게 했다. 신도와 불교의 결합은 중지되고 엄격히 분리되었다. 이제 신도의 신들은 더 이상 성불을 추구하는 보살들로 불리어지지 않았으며, 불교 승려들은 신도 종교의식에 참여하는 것이 금지되었다. 신사에서는 불교 경전을 읽을 수 없게 되었다.

두 종교가 가진 성격이 서로 일치하지 않을 때면 결국 어떤 식으로든 조화를 이루어나가게 되어 있는데, 사실 수행 방법으로 고행을 요구하는 불교와 행동력을 요구하며 요란하게 세계로 뻗어나가려는 신도 종교는 서로 판이한 성격을 가진다고 말할 수 있다. 또한 신도 종교란 자연숭배와 종교와 관련된 일본의 정치적 과제들을 통합하는 성격도 가진다.

일본의 고문서들인, 고대 일본 역사를 다룬 『고사기』(古事記)와 연대기 성격을 띤 『일본서기』(日本書記)에 나오는 신화들에 이미 자연숭배와 국가 이념이 통합되는 경향이 나타난다. 여기에 보면, 오늘날까지도 일본인들에게 모든 면에서 숭상을 받는 태양 여신 아마테라수(天照)가 그녀의 손자인 니니기를 처음 일본 섬에 보내어 통치하게 한다.

이때 아마테라수는 니니기에게 나라를 세우는 데 필요한 세 가지 보물을 준다. 보석(야사카 보석)과 팔각 거울 그리고 풀 베는 칼이 바로 그것들이다. 그녀는 자신의 탁월하고 고귀한 손자에게 명령한다: 여기 가을이 되면 신선한 열매를 맺는 기름진 황금 벌판 위에 천오백 년 나라의 기틀을 세워라. 가거라, 나의 탁월하고 고귀한 손자여, 가서 다스려라. 하늘 왕조가 끝없는 것처럼 땅의 왕조도 끝없으리라.[27]

니니기의 손자가 후세에 짐무(神武) 천황이라 불리는 존재로서 처음으로 역사에 등장하는데, 그가 곧 일본국의 창시자이며 그의 절대 위상으로 이루어진 왕권은 불변의 것으로 자리잡게 된다. 태양 여신을 통해 기원전 660년에 나라가 시작했다는 이 전설은 신도 종교의 국가관 역시 자연종교식의 국가관과 밀접히 연결되어 있음을 보여준다.

새로운 시대가 시작되면서 신도 종교의 지도자들은 일본에 있는 다른 종교들과 맞서게 된다는 측면에서 종교철학적인 질문들에 직면하게 되었다. 그리고 그런 경향은 특히 제의와 윤리가 종교의 중심에 서게 만드는 결과를 낳게 하였다. 신도 종교의 제의는, 한면으로는 하나의 가족관계로 설명할 수 있으며, 다른 한면으로는 이 종교의 사원인 신사(神社)에서 하는 의식을 통해 공개성을 띠기도 한다. 목조건물인 신사는 일본 고대 가옥의 축소판이다. 신사는 보통 흐르는 물 옆에 지어지며, 여기서 참배객은 종교의식의 일부로 입과 손을 씻는다. 신사 입구에는 붉게 칠해진 기둥(토리)이 두 개 세워져 있고 그 위에 나무판이 두 기둥을 이으며 걸려져 있어 문 역할을 한다.

신도 종교에 있어 신성함이란, 태양 여신인 아마테라수에게 봉헌되었다고 전해지는 이세(伊勢)라는 거룩한 황실 용기로 대변되고, 이세에 담긴 신성은 그 자체로서 황제의 국가 통치에 중요한 몫을 차지한다.

---

27. 『日本書記』 II, 4.

신도 종교의 사제들은 금욕생활을 하는 불교 승려들과는 거리가 멀어, 모든 (종교행사가 아닌) 대외행사에 얼굴을 내밀고, 결혼도 하며, 자신의 사제직을 자식에게 대물림도 한다.

고대로부터 일본에서는 땅을 훼손하는 행위를 가장 큰 윤리적인 죄악으로 취급했다. 또한 중국 유교의 영향을 받아 조상숭배와 씨족간의 결합 및 일가 어른에 대한 존경, 서로간의 진실과 정직함을 의무로 규정했고, 청결함을 윤리적인 차원으로 승화시켰다.

일본의 무사를 일컫는 말인 "사무라이"에게는 이른바 무사도(武士道)라는 윤리가 뒤따르는데, 이는 자기 통제와 주어진 의무에 대한 충성 그리고 죽음을 하찮게 여기는 일 따위를 내용으로 한다.

참고문헌: Masaharu Anesaki, *History of Japanese Religion* (London 1930); Wilhelmus H. M. Creemers, *Shrine Shinto after World War II* (Leiden 1968); Karl Florenz, *Die historischen Quellen der Shinto-Religion* (Göttingen/Leipzig 1919); Wilhelm Gundert, *Japanische Religionsgeschichte* (Stuttgart 1943); Hideo Kishimoto, *Japanese Religion in der Meiji Era* (Tokyo 1956); Edmond Rochedicu, *Der Scintoismus und die neuen Religionen Japans* (Genf 1973); Emil Schiller, *Shinto. Die Volksreligion Japans* (Berlin-Schöneberg 1911); Robert Schinzinger, *Der Denkstil Ostasiens*, in: Nachrichten der Gesellschaft für Natur- und Völkerkunde Ostasiens 73 (1952), 13-23쪽; *Shinto Committee for the IXth International Congress for the History of Religions: Basic Terms of Shinto*, Tokyo 1958; Joseph Sape, *Shinto Man* (Leiden 1972).

현대 세계의 종교 상황

오늘날 세계의 종교 상황을 두고 흔히 "종교학적인 이해와 지식보다 상황 자체가 앞질러 가는 추세"라고 정의한다. 이는 비단 거대 종교 영역에 대한 연구 영역에서뿐 아니라, 최근 들어 활발하게 연구가 진행중인 "종교민속학"(Religionsethnologie)이라는 분야에도 역시 해당하는 말이다. "종교민속학"의 연구 대상은 주로 문자를 가지지 못한 민족과 종족들의 종교이며, 흔히 이들은 "원시종교"라고 불린다. 물론 이런 종교들 역시 단지 일개 종족에서만 비롯되었다고 간주하기에는 부적당할 정도로 높은 수준의 종교성을 가진다. 따라서 "원시"라는 표현이 종교간의 차별을 뜻하는 것이 아니라, 단지 종교 연구에 따른 기술적인 정의임을 염두에 두어야 한다.

종교사의 연구 분야가 이처럼 광범위해지고 종교에 대한 이해의 폭도 그만큼 넓어졌다는 사실은, 또한 종교사적인 의미를 찾아내기 위한 질문과 대답이 그만큼 어려워졌음을 뜻한다. 그와 더불어 종교현상학적인 이해들, 이를테면 믿음의 모양이라든가 신화, 주술, 윤리 그리고 제의에 이르기까지 더 깊은 성찰을 요구한다. "종교현상학"이라고 일컬어지는 연구 분야의 선구자는 아마 네덜란드의 종교학자인 게라르두스 반 델 레에우(Gerardus van der Leeuw)일 것이다.[1] 그는 이집트의 현존하는 자료들이 문자가 없던 민족들의 종교권에서 나온 것임을 밝혀냈다. 차세대 종교현상학자들 중에서는 프리드리히 하일러(Friedrich Heiler)와 게오 비덴그렌(Geo Widen-

---

[1] 그의 대표작으로 *Phänomenologie der Religion* (Tübingen 1933).

gren)은 이 분야의 증거 자료들을 괄목할 만하게 확장시켰다.[2]

"종교다원주의"(Pluralismus der Religionen)라는 용어가 이미 학문적인 연구 분야로 자리를 잡았다는 사실을 전제하더라도 현대의 종교 상황을 올바르게 규정하기는 쉽지 않은 일이다. 현대적인 상황에서 겪는 학문적인 어려움은, 특히 유럽에 유입된 낯선 종교들을 적절히 규정하기 까다롭다는 점이다. 이들 종교들은 주로 선교적인 활동을 통해 모습을 드러냈는데, 그 활동력에 있어 유럽의 그리스도교에 결코 뒤지지 않는다. 또한, 이들은 발생지 국가뿐 아니라 세계적으로 그 영향력을 발휘한다는 특징도 가진다. 이런 일들은 유럽의 그리스도교적인 시각에서 보자면 아시아 종교들의 역도전이라 할 수 있겠다. 신대륙 발견이라는 시기로부터 시작된 그리스도교의 세계 전도는 이와 같은 역도전을 통해 낯설고 거대한 다른 종교들과 충돌하게 되었고, 입장을 바꾸어 본다면 아시아 종교들이 이제는 그리스도교 세계로의 전도를 통해 세계화를 꾀한다고도 말할 수 있다.

아시아 종교들이 유럽에 끼친 영향은 다양하다. 그들은 비록 유럽에서 큰 성공을 거두지는 못했지만 종교적으로 품위있는 사상들을 유럽에 전파했다는 사실은 부인할 수 없다. 대표적인 예로 인도 사상의 유럽 전파를 들어보면, 낭만주의 시대 이후로 유럽의 지식인들은 인도 사상에 대해 존경을 보냈고 한 걸음 더 나가 인도를 이상향으로 여기는 단계에까지 이를 정도였다. 오늘날에도 인도 사상은 유럽에서 여전히 큰 무게를 가지며, 그것을 가늠하는 잣대로는 간디의 "무저항주의"〔인도어로 아힘사(ahimsa)〕라든가, 산티니케탄의 위대한 사상가이며 시인인 타고르의 사상 등이 있다. 타고르는 1913년에 노벨상을 받은 적이 있으며, 20세기 전반기에 유럽에서 인도에 대한 매력을 증폭시키는 큰 물결을 만들어 낸 장본인이기도 하다. 또한 벵갈의 바라문인 오로빈도(Aurobindo)가 전수한 혼합주의적인 사상, 즉 "통합요가"(Integraler Yoga)와 이를 통한 인간 능력의 개발은 유

---

2. Friedrich Heiler, *Erscheinungsform und Wesen der Religion* (Stuttgart 1961); Geo Widengren, *Religiosphänomenologie* (Berlin 1969).

럽에서도 독특한 빛을 던졌었다. 그러나 이들 종교들은 최근 들어 새롭게 각광받기 시작한 선(禪) 불교에 어느 정도 영향력을 빼앗긴 것 같다.

불교의 유럽 전파는 무엇보다도 쇼펜하우어의 사상이 그 밑거름이 되었다. 오늘날 비록 유럽 전역에 있는 불교 사원의 숫자는 정확히 집계되지 않았지만 불교의 영향이 점점 더 커지고 있다는 점만은 분명하다. 불교는 한때 더 합리적인 사고를 추구하던 유럽인들에게 안성맞춤인 종교로 부각되었는데, 불교라는 종교는 종교의식에 필요한 제물 등이 없을 뿐더러 믿음이라는 종교행위보다는 깨달음에 바탕을 두기 때문이다. 그러나 선교적인 차원에서는 유럽에서 두드러진 결과를 얻지는 못했다. 유럽에 끼친 불교의 영향 중에서 가장 눈에 띄는 것은 일본의 선불교(혹은 묵상불교)이다. 그러나 선불교에 대한 비판적인 시각들도 만만치 않은데, 이는 선불교가 담는 내용이 이른바 일본의 "사무라이 정신"과 맞물려 다분히 전쟁지향적인 색채를 가졌음에 기인한다.

그리스도교에 대한 가장 강력한 도전자는 단연 이슬람교이다. 이슬람은 일찍이 아프리카의 사하라 지역을 차지했고, 끊임없이 서구세계를 넘보아 왔다. 예를 들어 북미에서는 이슬람 정통주의를 표방하는 "검은 무슬림" (Black Muslims)이 세력을 떨치고 있으며, 이슬람교 중에서도 이단이라 할 수 있는, 파키스탄에서 시작한 "아마디야"(Ahmadiyya)파가 유럽으로 진출해 있다. 이들은 유럽(특히 독일)으로 건너온 이슬람 노동자들 사회에 "모스크"(Moschee, 이슬람 교회)를 지어 쿠란을 가르치고, 유럽식 학교교육을 받는 등 전혀 새로운 상황에 놓인 2세들에게도 이슬람식 종교교육을 시키려 노력한다.

오늘날의 종교다원적인 상황은 앞에 열거한 아시아권 전통종교들의 세계화에만 머무는 것이 아니다. 이들 외에도 상상할 수 없이 많은 숫자의 신흥종교들이 생겨났다. 요즈음 유럽의 거리에서 우리는 종종 화려한 옷을 입고 특이한 머리 모양을 한 사람들의 무리를 어렵잖이 만나곤 하는데, 이들을 두고 보통은 또 새로운 종교가 하나 생겼구나 하고 생각할 정도이다.

일본에서 낸 공식적인 종교 통계에 따르면 일본에만도 모두 167개의 신흥종교가 있다고 한다. 물론 이런 식의 통계가 어느 정도나 정확한지는 모르는데, 이는 일본의 신흥종교들이 대부분 개인이나 가족 단위로 이루어지는 등 지엽적인 성격이 강하기 때문이다. 따라서 일본 전역에 널리 알려진 신흥종교들은 그리 많지 않은 편이다. 이들 중에서도 가장 규모가 큰 축에 속하는 신흥종교는 "하늘 이치의 가르침"이란 뜻을 가진 천리교(天理敎)이다. 천리교는 북미 지역에 전도되어 신도를 확보하고 있으며, 브라질에서는 이미 상당한 종교세력을 구축했다. 이 종교 역시 다른 많은 일본산 신흥종교들과 마찬가지로 어떤 여성이 교주인데 그녀를 두고 천리교 신도 공동체에서는 "창설자"니 "교주"니 하여 아낌없는 존경을 보낸다. 그는 가난한 소작농 가정 출신인 미키 나카야마라는 여인으로, 결혼해서 네 명의 자녀를 두었었다. 그러다가 41세가 되던 1838년 12월 12일에 새로운 종교 공동체를 구성했다.

　천리교의 가르침들을 훑어보면 불교적·신도 종교적인 요소가 많이 들어와 있다. 신도들은 "부모님 같은 신"(오야카미)이라는 신조를 즐겨 입에 올리고, 혹은 "천리교의 왕"(천리 오노미카도)을 부르기도 한다. 이같은 신앙 형태 안에서 교주인 미키가 신의 현현으로 숭배된다.

　천리교의 본산은 천리라는 도시인데 이곳은 몰려오는 천리교 신도들로 해서 항상 북적거린다. 여기서는 "매일의 선물"(히노키신)을 받을 수 있고 그에 따른 감사의 예식이 진행된다. 천리 시는 원래 나라(奈良) 시에서 약 10킬로미터쯤 떨어진 탐바이치라는 마을이었는데 오늘날 종교적으로나 조직적으로나 천리교의 중심지 역할을 한다. 이 도시에는 모든 시설이 갖추어져 스스로 부족함 없이 운영되어, 이를테면 병원도 있고 국민학교에서 대학교까지의 교육기관과 신도들이 밤새워 기도할 수 있는 기도원 등이 있다. 매년 천리교의 종교 축제 때면 약 50만 명 정도의 신도들이 운집한다.

　천리교와 더불어 최근 들어 일본에서 성행하는 두 개의 신흥종교가 있는데, 이들은 일본 전역에 위세를 떨쳐 그 신도들만도 수백만을 헤아린다.

이 가운데 하나가 "리쇼-코세이카이교"(Rissho-Koseikai, 立正佼成會)로서, 번역하면 "정의와 올바른 인간관계를 지향하는 공동체"인데, 1938년 5월 5일에 한 남녀가 만들었다. 그 가운데 묘코 나가누마라는 남성은 1957년에 죽었고 니꾜 니와노는 지금까지 이 공동체의 수장 격으로 남아 있다. 이 종교는 다분히 불교적인 동기에서 출발했지만, 초기 불교와는 다른 차원에서 인간성의 회복을 추구한다. 즉, 모든 이에게는 불타적 실존이 있다는 사실이 강조되며, 이를 온전히 인식하기 위해서는 올바르고 평화로운 인간관계가 선행되어야만 한다. 그리고 이런 인간관계의 근본은 조화로운 가족생활이다.

리쇼-코세이카이교와 버금가는 세력을 가진 다른 신흥종교는 "소카 가카이"(Soka Gakkai, 創價學會)로 "가치 창조를 위한 공동체"라 번역할 수 있다. 이 종교 역시 불교적인 가르침을 근간으로 하는데, 위대한 예언자적인 인물인 니치렌(1222~1282)의 불교 이해를 계승하고 있다. 니치렌은 성불하는 길이 명상이나 니르바나의 영역이 아니라 하루하루 살아가는 현실 속에서 실현된다고 가르쳤다. 이로써 그는 불교로부터 현세 변혁적인 의지를 도출할 수 있었던 것이다.

소카 가카이는 니치렌의 사상을 이어받아 비역사적인 것보다는 역사적인 것을 강조하고, 보편성보다는 구체성을 세계와 인간 사회에서의 의무(실천명령)로 삼았다. 불교적인 구원의 길이란 결코 세상 밖에 있지 않고 바로 이 세상에 있다는 사실을 누누히 강조하면서 열반에서의 삶의 완성에 대해서는 한 마디 언급도 없는 것이 이 종교가 가지는 특징이라 할 수 있다. 소카 가카이는 "인간개혁"을 지상에서 가장 이상적인 상태로 제시한다. 이는 개인적으로나 공동체에서나 가장 큰 행복을 누리는 상태를 일컫는 말이다. 그러나 "인간개혁"의 목표가 내용적으로 정확히 어떤 것인지는 불분명하다. 이를 통해 미래에 과연 어떤 유의 인간상에 도달하게 될지, 혹은 이를 위하여 어떤 매개물이 필요한지 등의 문제들은 전적으로 공동체를 이끄는 "지도자"들의 손에 맡겨진다.

오늘날 소카 가카이의 교주 격인 다이사쿠 이케다는 매우 활동적인 인물로 상당한 교육을 받은 바 있다. 그는 1971~1974년에 영국의 세계적인 역사가 토인비가 한 종교에 관한 설명을 바탕으로 일본 전역에 소카 가카이를 퍼뜨리기로 작정했다.

지리적인 관점에서 보아 역시 동아시아권의 신흥종교라 할 수 있는 "통일교"는 한국을 본산으로 하고, 주로 북미 지역과 유럽에서 큰 교세를 구축했는데, 그 교세만큼이나 많은 반대를 받는다. 교주인 문선명은 1954년에 처음 통일교를 세웠고 유럽권에서는 "문종파"(Mun-Sekte)라 불린다. 지역과 상황에 따라 통일교를 일컫는 명칭도 다양해, 분단국인 한국이라는 상황을 염두에 두고는 "통일교"라 불리고, 독일에서는 "세계 기독교 통일을 위한 모임"(Gesellschaft zur Vereinigung des Weltchristentums), 미국 등지에서는 "세계 기독교 통일을 위한 성령 연합"(Holy Spirit Association for the Unification of World Christianity)이라고 하였으나, 요즈음은 "통일교회"(Unification Church)라는 명칭이 주로 통용된다.

통일교 사상의 집대성이라 할 수 있는 『원리강론』이라는 책자에서는 오직 하나뿐인 "선생", 모든 일에 대한 대답을 가진 유일한 존재에 대해 언급한다.

> 이 책에 보존된 선포는 문선명 선생이 경험한 계시들 중 극히 일부분일 뿐이다. 황금시대의 삶과 새로운 건설에 대한 완벽한 계획은 미래에 제시될 것이다.

여기에 보면 누가 과연 이 "황금시대"를 가져올 인물인지는, 의심할 필요도 없이 바로 문선명 자신이다. 그는 추종자들에게 "재림 메시아"로 받들어진다. 이런 가르침은 그리스도교의 근본적인 역사 이해와는 동떨어진 것으로, 성서에 쓰인 일들을 모두 현재적인 사건들의 암시로 해석하려는 시도를 내포한다. 궁극적으로 이런 시도들은 "문선명 선생"이 펼치는 사탄 퇴치에서 극치를 이룬다.

통일교에서 주장하는 이른바 "새로운 시대"에 대한 선포들 중 대표적인 것은 결혼을 통해, 인간성의 양면이라 할 수 있는 여성적인 것과 남성적인 것을 통합하는 일이다. 문의 추종자들은 이것이 고대 중국의 음양이원론에서 도출된 시각이라는 점을 굳이 부정하지 않는다. 통일교 공동체를 구성하는 방식은 대규모 결혼이며, 이는 음양이원론을 가장 풍부하게 표현하는 설명방식이라고 한다.

베트남에서 1926년에 시작된 카오다이교(Caodaismus)는 비록 잠시 동안이지만 베트남에서 크게 성행했었다. "큰 성"이라는 뜻을 가진 카오다이(Cao Dai)는 이 종교의 가장 높은 곳에 위치한 신이고 그와 더불어 동아시아적·인도적·그리스도교적인 요소들이 한데 섞여진 혼합주의적인 성격을 가지고 베트남 지방에서 오래 전부터 큰 사랑을 받아왔다. 카오다이교에서는 귀신 축출이 중요한 역할을 담당하며 수많은 신령들 중 몇몇을 골라 숭상하는데, 이렇게 선발된 "최고 신령"들로는 중국의 시인인 이태백과 혁명가인 손문, 영국의 뉴턴 그리고 오를리앙의 처녀 잔 다르크 등이 있다. 특히, 카오다이교의 신전인 타이-니느(Tay-Ninh)에서는 지성소로 들어가는 입구에 빅토르 위고가 프랑스 학술원의 복장을 걸치고 서 있다.

영적 전통이 풍부하기로는 역시 인도가 으뜸이다. 이 나라 특유의 명상적인 종교세계를 감안한다면, 수없이 많은 종교들이 나타났다 사라지는 현상이 그리 놀라운 일은 못될 것이다. 단시간에 위세를 떨치다가 곧 주춤해진 인도 신흥종교들의 대표적인 예는 1970년에 12세 된 구루 마하라즈 지(Guru Maharaj Ji)라는 소년이 일으킨 "신성한 빛의 선교"(Divine Light Mission)라는 종교이다. 또 다른 이런 유의 종교로 바그반교(Bhagwan)가 있는데, 두 종교 모두 창설 당시에는 대단한 영향을 끼쳤지만 이제는 사양길로 접어들었고, 바그반교는 인도를 떠나 미국 어디에선가 겨우 명맥을 유지한다고 한다.

벵갈의 바라문인 오로빈도(Aurobindo, 1872~1950)가 제창한 "통합요가"(Integraler Yoga)는 유럽에서 오히려 널리 알려져 있는데, 그의 가르침을 보면 인도의 고전 『바가바드기타』와 더불어 칸트, 괴테, 헤겔, 니체, 베토벤 그리고 바그너 등을 숭배할 인물로 내세운다. "통합요가"에서는 인간이 우주와 연결되어 나가는 과정을 몇 단계로 나누었고, 이 단계들을 거치는 데는 고유한 기술이 필요하다고 한다. 따라서 "통합요가"의 수행 과정만 착실히 따르면 인간성의 상승 발전이 가능해진다.

스와미 프라부파다(Swami Prabhupada), 혹은 그의 추종자들이 "신의 은총"이라는 이름으로 떠받드는 이 사람은 "크리슈나 의식 국제협회" (International Society for Krishna-Consciousness), 또는 "하레 크리슈나" (Hare Krishna)라고 불리는 종교운동을 만든 인물이다. 그가 1965년에 뉴욕에서 이 종교를 정착시킬 때 이미 70세였고, 1977년 11월 14일에 82세로 사망했다. 그는 『바가바드기타』에 등장하는 신의 예언자인 크리슈나를 선택해 이 종교의 중심에 위치시켰다. 신도들은 종교의식에서 "싼키르타마"〔Sankirtama, 혹은 챤트(Chanten)〕라 불리는 "하레 크리슈나, 하레 크리슈나"를 마치 주문처럼 외쳐댄다.

1958년 1월 1일에 마드라스에서 힌두교 수도승인 마하리쉬 마헤쉬(Maharishi Mahesh) 요기가 창설한 "초월적 명상"(Transzendentale Meditation)이라는 신흥종교는 인도보다 유럽과 북미에서 많은 추종자를 얻었다. 이들은 나름대로의 독특한 명상수행 방법을 강조하는데, 이는 "한 생각을 의식의 표층으로부터 미세한 한계까지 추적해 가는" 방법이다. 또한, 이를 통해 다른 종교들과의 조화도 이루어 낼 수 있다고 한다.

비교적 짧은 기간에 세계화를 성공시킨 신흥종교로 이슬람의 쉬아파에서 파생된 바하이교(Baha'i)를 꼽을 수 있다. 이 종교의 전 단계는 바비교 (Babismus)이고, 교주를 지낸 미르자 알리 모하메드(Mirza Ali Mohammed, 1820~1850)가 1844년 3월 23일에 신의 영역으로 들어가는 문인 "밥"(Bab)을 처음 만나면서 시작되었다. 그는, 무함마드의 말을 이른바 "예언자의 봉인"이라 하여 『쿠란』에서 궁극적이고 결정적인 가르침으로 받드는 것에 반대했다. 그로 인해 미르자는 박해를 받았고 1850년 7월 9일에 타브리스(Tabris)에서 정치적인 이유로 공개재판에 부쳐져 사형을 당했다. 당시 수천을 헤아리던 그의 추종자들도 이듬해에 미르자와 같은 운명에 놓이게 된다.

바비교에서 바하이교로의 탈바꿈은 미르자 후세인 알리(Mirza Hussain Ali, 1817~1892)에 의해 이루어지는데, 그는 1863년에 자신을 "바하-울라"(Baha-Ullah, 신의 광채)라고 선포했다. 그의 인도 아래 이 종교는 이슬람교와 결별했고 그후로 자기들의 종교를 "모든 종교의 왕관"이라 자처했다. 바하이교의 특징은 우선 강한 유일신 종교라는 점이다. 그리고 신의 계시는 한줄기로 통일성을 이루어나가며, 이를 전수한 인물들로는 모세·예수·붇다·무함마드 등이 있고, 바하-울라는 계시의 완성자일 뿐더러, 이제까지의 계시 전수자들 중에서도 가장 높은 위치에 올라 있다. 이 종교가 내세우는 윤리적인 훈계들은 모두 "바하이교의 12계율"에 포함되어 있는데 인간의 평등함과 세계 평화 그리고 행복을 지향하는 매우 능동적인 계율들이다.

바하-울라가 죽은 후 그의 공동체는 맏아들인 아바 에펜디(Abbas Effendi)가 물려받았고, 이는 다시 그의 아들인 쇼기 에펜디(Shogi Effendi, 1896~1957)로 이어져 삼대가 바하이교의 정점에 놓이게 된다. 1957년 11월 4일에 쇼기가 죽자 9명의 장로가 이 종교를 이끌어나간다고 한다.

바하이교의 중심지는 하이파(Haifa)에 있고 다른 나라에서는 "어머니 신전"이 있어 "경건의 집"으로 불린다. 유럽의 "경건의 집"은 독일 프랑크푸르트 시에서 약 20킬로미터쯤 떨어진 랑엔하인(Langenhein) 공동체 내에 있다.

미국에서 출발한 몰몬교(Mormonentum)가 그리스도교의 한 종파인지, 아니면 독립적인 종교인지에 대해서는 아직 확답을 구하지 못한 형편이다. 그러나 한 가지 분명한 것은 이 종교의 교회인 "말일성도 예수 그리스도의 교회"(Church of Jesus Christ of Latter-Day-Saint)가 다른 그리스도 교파들과는 확연히 구별된다는 점이다. 몰몬교의 창시자인 제임스 스미스

(James Smith, 1805~1844)는 1830년 4월 6일에 교회를 세워 스스로 새롭고 독특한 예언자로 자처했다. 그가 몰몬 신도들에게 신성한 책으로 제시한『몰몬경』(Book of Mormon)은 많은 양의 성서 전승들을 담고는 있지만 전체적인 개념은 완전히 다르다.『몰몬경』에서는 종교적인 중심지를 몰몬교가 처음 생긴 미국이라고 가르치고, 장차 재림 예수가 나타나면 솔트레이크 시에 있는 몰몬 신전에서 다가올 심판을 내릴 것이라는 신앙을 보여준다. 이런 식의 역사관이 몰몬교의 중요한 특징이라 할 수 있다.

하이티의 보두교(Wodu-Kult)와 브라질의 움반다교(Umbanda)는 여러 면에서 공통점을 가지는데, 아마 두 종교 모두 백인 거주민들의 문화에서 큰 영향을 받았기 때문일 것이다. 이런 종교들일수록 혼합주의적인 색채를 강하게 띤다. 움반다교에서 모셔지는 신들은 서아프리카를 근원지로 하는 가톨릭 성인들과 부수적으로 인도의 신들이 있다. 이 종교의 종교의식은 "울안", 혹은 "마당"이라고 이름붙여진 성소에서 야밤에 치러지고, 특히 황홀경이 중요한 내용이 된다. 제물로는 구워진 밀알들과 죽은 닭이 등장하며, 제의의 중심에는 병을 치료하는 기능을 담당한 움반다의 영적 존재들이 서 있다.

현대 세계에 나타난 신흥종교들을 두루 훑어보면 뚜렷한 특징을 보여주는데, 그 중에서도 대표적인 것은 비유럽권의 신흥종교들일수록 (서구 그리스도교의 영향을 의식해서인지) 그리스도교에 대한 도전과 도발을 담고 있다는 점이다. 또한 현대 신흥종교들은 부분적으로나 전체적으로 가히 "젊은층의 종교"라 규정지을 수 있다. 이처럼 젊은층에 파고들어가 공동체를 구축해 나가는 현상은 사실 종교학적으로는 설명하기 힘든 부분이다. 그러나 구태여 설명을 붙이자면, 종교가 시작될 때부터 노인층이 없었기 때문에 그럴 수도 있고, 아니면 노인층에서 자신들이 세운 종교에 대한 주도권을 젊은층으로부터 더 이상 지킬 수 없었을 때 이런 일이 벌어지기도 한다. 게다가 신흥종교에서는 노인들이 이미 인생의 모든 단계들을 통과하여, 이를테면 관조에 들어간 상태에서 종교 전승들을 파악하기 때문에 (걸림돌로 보아, 혹은 신선하지 않다고 보아) 제외시키는 경향을 가지기도 한다.

앞에서 살펴보았듯이, "한면으로는 신흥종교들이 꾸준히 만들어지고, 다른 한면으로는 아시아권의 종교들이 서구로 강력하게 역선교되어 들어온다"고 오늘날의 종교 상황을 정의할 수 있다. 이렇게 볼 때 과거에 흔히 강조되었던 "세속주의"라든가 "현세주의" 등의 개념들이 가지는 중요성은 현저히 후퇴했다.

현재의 종교적 상황에 대해 역사적으로 자리매김하려는 시도는 종교학에서 언제나 큰 비중을 차지한다. 종교학적인 관점에서 보자면, 안정기에 접어들어 비교적 조용한 상태에 있는 종교에 대항하여 강한 활력을 가진 종교가 생산되는 일이 오랜 역사를 두고 반복되어 왔다는 견해가 있다.[3] 또한 종교 역사에 대한 이런 식의 관찰에 한 걸음 더 나아가 칼 야스퍼스는, (비록 논란의 여지가 있기는 하지만) 종교적인 활력이 가장 왕성하던 때를 크게 기원전 800~200년으로 잡고, 이 시기를 특히 "축의 시기"(Achsenzeit)라 이름붙였다.[4]

이처럼 우리 시대의 종교 현상들을 역사적 관점에서 정리하고 성격을 규명하는 일은 종교학이라는 연구 분야에 항상 커다란 도움을 준다. 현재의 종교 상황은 활력있고 생산적인 시기에 속한다고 말할 수 있다.

---

3. Rudolf Otto, *Das Gefühl des Überweltlichen-Sensus Numinus* (München 1932) 282쪽 이하; Nathan Söderblom, *Der lebendige Gott im Zeugnis der Religiosgeschichte* (München 1942) 223쪽.

4. Karl Jaspers, *Vom Ursprung und Ziel der Geschichte* (München 1949) 19쪽 이하.

종교와 역사

1. 종교의 역사성

역사라는 잣대로 모든 종교들을 가늠해 볼 때, 개개 종교는 자체의 고유한 형태가 바뀌지 않는 한, 일정한 변천 과정을 겪는다. 즉, 시간에 따라 생성하고 발전해 나가다가 결국 소멸된다는 뜻이다. 어떤 종교라도 그 기원을 따져보면 무(無)에서 출발한 경우는 없으며, 종교적인 공백상태에서 첫발을 내디딘 적은 더욱더 없었다. 그리고 한 종교가 시작할 때면 으레 주위의 종교적인 제반 여건들이나 환경을 겨냥해 새로운 가치를 선포하곤 했다. 또한, 이전 종교나 주위의 종교들로부터 필요한 점을 선택적으로 수용하고 그에 대한 방어체계를 만들거나, 아니면 다른 종교들의 장점들을 조정해서 받아들이는 일도 있다.

한 종교가 처음 시작되려 할 때 따르는 필수적 과제는, 주위의 종교다원적 상황과 어떻게 관계를 설정하는가이다. 관계를 맺는 첫째 형태는 자기 외의 다른 종교에서는 이미 계시의 원모습이 부패했다고 말하거나, 혹은 모두 변종(變種)이라고 치부하는 경우이다. 무함마드는 이슬람교의 형제뻘 되는 그리스도교와 유대교가 순수했던 "아브라함 종교"를 오염시켰다고 규정했다.

> 아브라함은 유대인도 아니며 그리스도인은 더욱 아니다. 그는 단지 유일신에 대한 철저한 숭배자이며 위대한 무슬림, 곧 신의 동반자이다.[1]

둘째 관계 설정은 새로운 종교가 주변 종교들의 존재를 부분적으로 인정하는 것이다. 이는 1926년에 남베트남에 세워진 카오다이교에서 잘 나타난다.

---

1. 『쿠란』 수라 3,60.

모세의 가르침은 봉오리고 예수의 가르침은 꽃이며 카오다이교는 열매이다. 꽃은 봉오리를 헤치고 나오며, 열매는 꽃뿐 아니라 모든 식물의 결정체이고, 과거 역사의 완성이다.[2]

새로운 종교가 주변의 다양한 종교들과 관계를 맺는 두 가지 경우에서 분명한 점은, 계시에 대해서 각각 독특한 이해를 보여준다는 사실이다. 앞의 경우는, 계시를 원래는 흠이 없었으나 곧 부패해서 쓸모가 없어진 일회적 계시로 파악하며, 뒤의 경우는 주어진 계시가 연속적으로 발전해 나간다고 간주한다. 그러나 두 경우의 공통점은, 가치있는 계시란 자기 종교에서만 찾을 수 있고, 이것이 결국 궁극적인 가르침이 된다는 믿음과 이런 믿음에 대한 강력한 요구이다.

이미 정착된 종교들을 보면, 종교의 창시자로부터 그의 추종자(제자)들로의 시간적 이행은 실질적으로 중요하며, 이것은 새로운 종교의 공간적 확장과 연결되어 있다.[3] 또한, 종교의 설립자는 자신의 종교가 공간적으로도 확대되어 뻗어나가기를 원하고, 그 생각 속에는 벌써 종교 발생지와의 결별이 예고된다. 이런 식의 선교적인 전개는 바로 외부 종교들에 대한 도전으로 받아들여지며, 혹은 그들과 동화되려는 움직임으로도 해석된다.

그리고 한 종교가 정착 단계에 접어들면 보통은 출발 때 보여주었던 선행 문화에 대한 공격성이 점점 엷어지고, 반대로 그것과 타협하려는 경향이 농후해진다. 그외에도 일단 자리를 잡게 된 새로운 종교들은 곧 고정된 구조를 갖추며, 이 구조는 "교회"나 특정한 위계질서로 모습을 드러낸다.

앞에 열거한 점들 외에도 한 종교가 자리잡는 데 필수적인 요건들 중의 하나가 국가와의 관계이다. 초기 이슬람교에서는 종교와 국가를 일치시키려는 경향이 농후했고, 반대로 불교처럼 발생할 때부터 주위세계나 국가에

---

2. *La constitution religieuse du Saodaisme* (Paris 1953) 13쪽.
3. Joachim Wach, *Meister und Jünger* (Leipzig 1925) 참조.

종교와 역사   145

대해 대체로 무관심했던 종교도 있으며, 어떤 종교는 종말론적인 운동을 통해 인간 역사는 곧 끝을 만나게 되므로 오히려 기존의 국가라는 존재를 거부하기도 했다. 그리고 만일 한 종교가 국가의 이념이나 그 국가의 정책 종교를 받아들일 수 없다면, 당연한 결과로 그 종교는 국가로부터 박해를 받는다. 대표적인 예가 초기 그리스도교인데 그들은 자신의 초상을 숭배하도록 강요한 황제의 명령과 황제의 안녕을 기원하는 행위를 거부했고 이는 로마 제국의 그리스도교 박해로 이어졌다.

국가와 종교가 구조적으로 분리되어 있을 때에는 성권(聖權)의 한계가 문제가 된다. 역사적으로 살펴보면, 이런 때는 세 가지 형태로 종교와 국가가 관계를 맺는다.

첫째는 국가와 종교가 주도권 쟁탈을 위해 치열하게 경쟁하는 관계로, 중세 유럽의 국가와 교회의 대립, 속권(俗權)과 성권(聖權)의 대립을 그 예로 들 수 있다.

둘째로 관계를 맺을 가능성은 종교의 힘이 국가의 힘을 능가하여 교회국가가 탄생하는 경우이다. 그리스도교 역사에서는 바티칸 공화국이 여기에 속한다. 물론 바티칸 공화국이 설립된 경위가 1929년에 다분히 세속적이고 정치적인 배경을 가진 "라테란 조약"(Lateran, 교황궁의 이름)을 통한 것이기는 하지만, 외적인 틀이 교회국가라는 점은 틀림없다. 또 다른 적절한 예는 티벳 라마교의 "황모파"이다. 이 종교는 티벳의 일정 지역을 차지해 국가의 성립 요소들을 두루 갖추고 있는데, 불교의 근본사상과는 완전히 상반되는 입장이다.

셋째 형태는 국가에서 교회를 흡수하는 경우로, 1721년에 피터 대제가 모든 러시아 정교회 위에 군림하는 수장으로 등장하자, 그에게 전권이 주어진다는 뜻에서 "짜르"(Zar)라는 명칭이 붙여졌다.

인류 역사에 보면 동일한 종교가 여러 가지 다른 시간대에 등장해 각기 다른 관심사와 이해를 추구하는 일이 있다. 이 경우에는 필연적으로 "연속성"(Kontinuität)에 대한 질문이 제기된다. 과연 이런 종교 형태를 가지면 종교의 근본적인 성격이 달라지지는 않는가? 혹은, 다른 종교들에 의해 고유한 특징들이 흡수당하지는 않는가? 아니면, 종교가 가지는 제반 기존 원칙들이 역사와 함께 변화되지나 않을까 등의 질문이 제기될 수 있다. 마지막 질문이 특히 중요한데, 한 종교가 역사의 흐름을 따라 각기 다른 모습의 강조점을 보여주고 이들이 모여 종교적으로 풍부한 가치들을 산출해, 마침내는 종교의 "궁극적인 완성"(Fülle der Ursprung)이라는 결과를 낳을 수도 있기 때문이다.

물론 여기서는 부정적인 결과를 얻게 될 가능성도 있어 종교의 근본적인 가르침들이 왜곡되어 변종(變種)이 생기기도 한다. 후기 이집트 제국의 다양했던 동물숭배 종교가 좋은 예이다.

앞에서 언급했듯이, 지난 역사 속에는 수없이 많은 종교들이 나타났다가 사라졌다. 한 종교가 마지막 단계에 접어드는 원인은 흔히 더 성숙한 가르침을 가진 종교가 등장하면서이다. 이로써 기존의 종교는 사양길로 접어들고 변질되어 결국은 속세적인 요소들, 이를테면 경제적이나 정치적인 힘과 협력을 이루어, 종종 종교적이라고 할 수 없는 낯선 폭력들이 종교를 망가뜨리는 역할을 담당한다.

스러져가는 종교의 마지막 남은 신도들은 이런 일을 비운이라 여기는데, 고대 이집트 종교 말기의 신도들은 곧 자신들의 종교가 최후를 맞게 되리라는 사실을 깨닫고 통곡의 목소리를 돋우었다.

> 때가 다가온다. 곧 그때가 보이리라.
> 우리 이집트인들이 더 진실하게 신을 모셨더라면 …
> 신들은 이집트인들을 떠나 하늘로 돌아가고,
> 그분들이 계시던 곳은 텅텅 비었다.
> 오, 이집트여, 이집트여!
> 그 위대했던 믿음이 이제 한낱 옛 이야기가 되고 마는가.

후손들은 더 이상 선조의 믿음을 이어받지 않고,
단지 생명 없는 글자들만 무성히 남게 되는가.
한때 생동하던 믿음을 그리도 잘 표현했던 글자들인데 …4

---

4. Adolf Erman, *Die Religion der Ägypter* (Berlin/Leipzig 1934) 440쪽.

2. 종교의 역사관

어떤 종교든 그 근원을 따지고 들어가면 나름대로의 역사를 보는 시각(역사관)이 있다. 각 종교의 역사관들은 서로 다른 모습을 가져 여러 모로 차이가 있기는 하지만 대략 두 가지로 구분하는데, 그 하나는 원형의 역사관이고 다른 하나는 직선형의 역사관이다. 뒤의 직선형이라 함은 지난 역사가 다시 되풀이될 수 없다는 측면을 지닌 다분히 목적론적인 역사관을 뜻한다.[5] 물론 이 두 가지 역사관이 각 종교의 그것을 측정하는 일차적인 기준이 되기는 하지만, 종교사적인 관점에서 보면 보완될 사항이 있다.

여기서 주목할 것은, 한때 어떤 종교들에서는 우리가 생각하는 식의 시간 개념이 존재하지 않았고, 따라서 틀에 박힌 두 가지 역사관이 전혀 발전하지 못했다는 사실이다. 더욱 흥미를 끄는 일은 이런 유의 "몰역사적"(ahistorische)인 시간 개념이 마치 원형이나 직선형의 역사관처럼, 몇몇 종교들에서는 가장 이상적인 역사관으로 자리잡아 우주와 신비를 설명하고 있다는 점이다.

한 종교에서 다른 종교로 넘어가는 과도기나 종교들끼리의 혼합이 이루어질 때는, 흔히 다양한 형태의 종교적인 역사관들이 등장한다. 칼 하인즈 라트쇼프는 "몰역사적인 존재양식"(Ahistorische Existenzweise)에 대해 이렇게 설명한다.

> 역사시대 이전의 사람들은 원래 "시간"이라는 것을 몰랐다. 그들은 단지 해·달·별 등만 알았을 뿐이고, 이들이 나타났다 사라지는 천체의 운행에

---

5. Hans Leisegang, *Denkformen* (Berlin 1951) 355-442쪽.

대해서만 감각이 있었을 것이다. 천체 운행은 그들에게 있어 유일한 삶이었고 세계를 통합하는 힘으로 받아들여져, 제의를 통해 합당한 존경을 바쳤다. "시간"을 느끼게 된다는 사실은 바로 우주의 움직임을 인식하고 이를 통해 삶에 리듬이 생기게 됨을 뜻한다. 이런 일들은 자연스럽게 발생하며, 이렇게 인식된 시간 개념 내에서는 시작도 없고 끝도 존재하지 않는다.[6]

아무튼 가장 확실한 것은 세상 만사가 모두 자연에 휩싸여 있어, 역사를 알지 못하던 — 몰역사적인 존재 양식을 가졌던 — 때의 종교 축제는 결국 자연 축제의 성격을 가진다는 사실이다. 농경문화에서는 종교 축제가 파종과 추수의 시간으로 묶여지고, 유목문화에서는 매년 얻게 되는 가축의 새끼들로 시간이 연결되었다. 에스키모 종교는 몰역사적인 시간관을 보여주는 대표적인 예인데, 이들은 세상의 시작과 끝에 대해 알지 못하고 다만 항상 그랬듯이 같은 방법으로만 그들의 인생을 꾸려간다.

몰역사적인 존재양식은 달리 말해 "정지한 역사관"이다. 여기에서는 소우주와 대우주가 조화를 이루며 삼라만상의 불변성이 전제된다. "정지한 역사관"에서부터 "신화적인 층"이라는 특수한 시간대가 비롯되는데, "신화적인 층"이란 결코 끊어지는 법이 없으며, 오히려 사람들에 의해 더욱 규격화되어 불변의 성격을 지니고 이어진다. 이집트 토리노 왕의 파피루스에 보면 이런 사고방식의 전형적인 예가 발견된다. 이집트의 역사에는 세계의 지배자로 알려진 "호루스"(Horus, "매의 신")가 등장하고 모든 파라오들은 호루스의 현신으로 받아들여진다. 이는 바로 인간적인 영역에 대한 신화적인 영역의 간섭(repture de niveau)으로 이해할 수 있다.

사람들이 이룩한 지상의 일들이 일단 신화적인 영역으로 설정되면, 변화는 없고 단지 그것의 반복만이 있을 뿐이다. 이처럼 시간에 한계를 두지 않는 사고방식에서 시대 시대 사이의 금을 긋는 방법은, 모든 왕들이 각각

---

6. Carl Heinz Ratschow, *Magie und Religion* (Gütersloh 1955) 65쪽.

즉위하여 처음 나라를 다스리게 된 해를 신화의 나라와 지상의 나라가 만나는 해로 기념하는 일이다. 이집트인들은 그들이 가지고 있던 두 나라 개념(上·下 이집트)을 배경으로, 왕들이 바뀔 때마다 매번 나라가 새롭게 시작된다고 생각했다. 따라서, 역사는 진보한다거나 되풀이될 수 없다는 식의 사고에 익숙한 현대인들에게는 "정지된 역사관"이란 매우 어색하게 들릴지 모른다.

(정지한 역사관에 따르면) 왕은 결코 변할 수 없는 신성한 세계질서를 지상에 구현하는 존재이며 우주적·윤리적·제의적인 영역까지 포함하는 신성한 통치 이념을 실현하는 인물이다. 그는 인간적인 존재방식으로는 대치될 수 없는 신적인 존재로, 절대적인 권위를 가지고 군림한다. 역사 이전에 인류 문화에 등장했던 "신성한 세계질서"의 대표적인 예들은 이집트의 "마트"(Maat)와 수메르인들의 "메"(Me), 인도의 "르타"(Rta) 그리고 중국의 "도"(道) 등이 있다. 그러나 시간이 흘러 역사에 대한 의식이 발전하자 과거의 "신성한 세계질서"는 점점 뒤편으로 사라졌거나, 그때그때에 맞게 인간적인 모습을 가진 신으로 둔갑했든가, 아니면 일부분으로 축소되어, 이를테면 "윤리" 등의 개념 안으로 응집되었다.

원형의 역사관에서 역사의 발전이란 둥근 원처럼 역사가 항상 반복됨을 의미한다. 인도의 역사관에서 대표적인 예를 찾을 수 있는데, 여기서는 원을 좇아 위로 구부러져가는 시간 등급을 4,800년·3,600년·2,400년 그리고 1,200년 등 네 개의 시간대로 각각 나누어 놓았다. 그리고 시간 간격이 점점 줄어들면서 각 시간대의 윤리적인 질도 그만큼 저하되지만, 그렇다고 마지막에는 종말이 있어 세계가 없어진다는 식의 사고방식은 아니다. 반대로, 다시금 똑같은 일이 새롭게 시작되고 이 과정이 끝없이 반복된다. 『바가바드기타』에 보면 이런 세계관이 잘 나타나 있는데, 비쉬누 신이 인간으로 되는 과정을 크리슈나가 아르쥬나(Arjuna) 앞에서 다음과 같이 설명한다.

나는 수많은 생을 거쳐왔고
그대 또한 그러하다, 오 아르쥬나여.
나는 그 모든 생들을 알지만
그대는 알지 못한다, 오 적을 괴롭히는 자여.
나는 불생(不生)이며 나의 자아는 불변하고
나는 모든 존재들의 주(主)이지만
나 자신의 창조력에 의해
자신의 물질을 사용하여 존재하게 된다.
의(義)가 쇠하고
불의(不義)가 흥할 때마다, 오 바라타의 자손이여,
나는 자신을
(세상에) 내어 보낸다.
선한 자들을 보호하고 악한 자들을 멸하기 위해,
의(義)의 확립을 위하여,
나는 유가마다 세상에 온다.[7]

직선적인 역사관, 곧 "역행할 수 없는 역사관"(irreversible Geschichts-schau)은 위대한 계시를 바탕으로 삼는 종교에서 발견되며, 단 한 번뿐인 사건으로 세계의 창조와 종말을 규정짓는다. 인류 역사를 통해 이 역사관을 보여주는 첫번째 예는 아마 이란의 짜라투스트라 종교일 것이며 그는 역사 발전의 끝에 "심판"과 "낙원"(Frashokereti, 놀라운 일)이 있으리라고 선포했다. 후기 유대교와 그리스도교 그리고 이슬람교 역시 직선적인 역사관을 가진다.

---

7. 『바가바드기타』 IV 5-8: 길희성 역.

3. 역사의 시대 구분

역사를 시대별로 구분해 보려는 시도는 원형적인 역사관에서나 목적론적인 역사관에서나 할 것 없이 모두 발견된다. 인도인들은 역사란 "4체계"의 끝없는 반복이며 각 체계는 내적으로 세상적인 가치 기준, 특히 윤리적인 타락을 통해 지속적으로 퇴보해 간다고 설명한다. 이는 사람이 나이를 먹어감에 따라 몸도 함께 늙어가는 현상에서 유추된 사고이다. 그리고 오비드는 네 개의 시대를 각각 금, 은, 쇠, 철에 비교했다.[8] 오비드에 앞서 헤시오드 역시 "4체계"를 받아들인 인물인데 그는 "4체계"를 모두 과거의 일로 규정하고, 현재란 도덕적으로 지극히 타락한 다섯번째 시대라고 정의한다.

> 내가 도대체 이 땅에서 왜 다섯번째 시대에 살아야만 하는가!
> 조금 더 일찍 죽었더라면, 아니 조금만 더 늦게 태어났더라면 …
> 사람들은 궁핍과 비참함에서 헤어나지 못하고 항상 괴로워한다.
> 신들에게 걱정만 안겨주는 일이다.
> 아버지가 아들을 미워하고, 아들이 아버지를 미워한다.
> 주인이 손님을, 친구가 친구를, 형제가 형제를 사랑하지 않고,
> 언제나 그렇듯 나이 든 부모를 공경하지 않느냐.
> 그렇다, 서로가 서로를 미워하고 아픈 말로 나무라는데
> 신들의 복수가 내리지 않을 리 있겠는가!
> 단지 폭력만이 활개칠 뿐이다.
> 그들은 다른 사람들이 사는 집을 부수고,

---

8. Ovid, *Metamorphosen* I 89-150.

어느 누구도 진실에 맹세하지 않으며,
누구라도 신실함을 거들떠보지 않는다.
누구인가 나쁜 짓을 일삼고 범죄를 저지르면 오히려 존경받는다.
이 땅에서는 주먹이 곧 법이다.
그외에는 아무것도 없다.
약간 덜 나쁜 놈이 더 나쁜 놈에 의해 상처를 입는다.
거짓말을 통해 거짓 맹세가 밥먹듯 이루어지고,
시샘이 인간을 유혹하고,
불행과 증오, 또한 그것들을 통한 비열한 즐거움이
눈앞에 있을 뿐이다.
그래서 멋진 몸에 흰 천을 두르고 영원히 죽지 않는 신들은
모두 큰 길에서 올림푸스로 치솟아 우리를 떠나버렸고,
이제 인간들에게는 슬픈 고통만이 남아 있다.
우리가 죽으면 혹시 악에서 벗어날 수 있을지 …[9]

에트루리아인들에게 종교적인 인생을 가르쳐주는 "에트루리아 훈령"(Etrusca disciplina)을 살펴보면 다분히 염세적인 색채를 띠는데, 그들은 시대를 구분하면서 개개 시대를 뛰어넘는 "상승"을 통해 역사를 이해했다. 모두 10개의 단계로 시대들이 나뉘어진다. 한 단계가 지속되는 시간에 대해서는 분명히 언급되어 있지 않고 다만 신들이 보여주는 표시에 따라 길이가 좌우되는데, 보통 어떤 이가 수를 다 누렸을 정도의 세월에 버금간다. 신들에게서 주어지는 표시로는 혜성의 출몰이라든가, 큰 유행병 그리고 날카롭게 불어대는 (인위적인) 나팔소리 경고 등이 있다.

이처럼 한 시대 한 시대가 연결되어 상승된다는 역사관은 내용적으로 볼 때, 세계 역사는 완성을 향해 끊임없이 발전해 나간다는 긍정적인 시각을

---

9. Hesiod, *Erga kai hemerei* 109-201.

가진 목적론적인 세계관과는 어울리지 않는다. 다니엘 예언자는 네 개의 각기 다른 세계가 층을 구성해 하나의 왕국이 이루어지는 것을 보았고, 이 왕국의 지배자는 하느님이다. 이런 사상은 고대 후기와 중세의 그리스도교 교회사를 살펴보면 어렵지 않게 발견할 수 있다. 특히, 칼라브리아 수도원의 요아힘 폰 피오레(Joachim von Fiore)는 역사적인 사건들을 좌우하는 "세 개의 질서"를 제창했는데, 오늘날까지도 서구 정신 역사에 지속적인 영향을 끼치고 있다.

세계를 지배하는 세 개의 질서라는 구도를 우리는 성경에서 찾아볼 수 있다. 첫째는 우리가 율법이라는 질서 안에 서 있던 때이고, 둘째는 은총이라는 질서 안에, 마지막으로는 우리에게 곧 닥쳐올 미래, 즉 복음서 작가 요한이 말한 대로 하느님의 은총에 은총이 더해져 충만해질 때이다. 그날이 오면 사랑과 믿음이 하나가 된다. 첫 단계는 학문 안에서 이루어졌고, 둘째 단계는 부분적으로 완성된 진리 안에서, 셋째 단계는 모든 앎이 완성되는 때이다. … 첫째 단계는 하느님에게로, 둘째 단계는 그의 아들에게로, 셋째 단계는 성령을 향해 나아가는 것이다.[10]

---

10. Ernst Benz, *Eklesia Spiritualis* (Stuttgart 1934) 9쪽.

4. 역사의 원동력인 종교

"모든 문화의 바탕에는 종교가 자리잡고 있다. 종교적인 바탕을 통해 궁극적인 가치가 만들어진다. 만일 그렇지 못한 경우에는 결국 몰락의 길을 걷게 된다."[11]

이 문장에서 에두와르드 슈프랑어는 역사라는 과제를 풀어내는 열쇠가 과연 무엇인지 우리에게 가르쳐 주는데, 바로 **종교가 역사를 움직이는 힘을 가진다**라는 점을 포괄적인 언어로 표현하고 있다. 그의 말이 옳다는 사실을 이제 몇몇 예를 들어 알아보자.

종교는 스스로 보수적인 성격을 띠기도 하고, 또한 모든 문화 현상을 바꾸는 추진력을 가지기도 한다. 그런가 하면, 종교적인 언어들이 사회 속으로 파고들어가 그 범위가 확장되기도 하고 아예 일반적인 언어 속에 자리를 잡기도 한다. 그리고 종교 언어란 문화적으로 항상 고급 언어가 되려는 경향이 있어, 예를 들면 라틴어가 중세 유럽에서 교회와 교육기관을 통해 위세를 떨쳤고, 산스크리트어는 인도에서도 브라만 문화를 대표한다.

예술 분야에서도 종교의 영향은 현저하다. 그리스도교의 성화(聖畵, Ikon)나 예술적으로 각 시대를 대표하는 훌륭한 가치를 지닌 유럽의 교회들 그리고 이슬람교에서 쿠란을 베껴쓰는 과정에서 발달하게 된 그 훌륭한 장식체 글자들에서 종교가 인류의 정신문화에도 큰 비중을 차지하고 있음을 알 수 있다.

---

11. Eduard Spranger, *Die Kulturzyklentheorie und das Problem des Kulturverfalls*. Sitzungsberichte der preussischen Akademie der Wissenschaften, Philosophisch-historische Klasse 1926, S. LVI.

일 년을 각 절기로 나눈다거나 달력을 쓰는 일 따위가 모두 종교적인 전통에서 비롯되었음을 우리는 종종 잊고 산다. 이들은 종교 역사에서 그 근원지를 찾을 수 있고, 문화적인 축제로 발전하게 된 종교적인 내용들이 시간적으로도 자리를 잡아 일 년의 질서를 구성하게 되었다.

종교와 국가는 다각도에서 관계를 맺어왔는데, 역사적으로는 아주 오래 전부터 시작된 일이다. 종교는 국가의 설립에 관계하거나 국가가 존속하는 데 결정적인 역할을 담당했다. 종교가 과연 국가의 설립에 어떤 작용을 하는지 우리는 이슬람교 역사에서 좋은 예를 찾아볼 수 있다. 이슬람교는 이미 칼리프 왕국의 시작에서부터 동기를 부여했고 최근 들어 이슬람 왕정으로 눈에 띄는 나라는 사우디 아라비아이다. 그리고 파키스탄은 종교·정치적인 이유로 인도에서 독립한 나라이다.

종교가 가지는 국가 존속의 힘은 유교에서 전형적인 예를 찾을 수 있는데, 유교는 중국 대륙에서 장구한 역사를 이어가며 국가 구조와 그 존속 이념들을 제시했다.

그런가 하면 종교가 원인이 되어 국가의 독립성이 상실된 경우도 있다. 에트루리아인들은 역사에 대해 염세주의적인 시각을 가지고 있었는데, "에트루리아 훈령"의 10항에서는 "에트루리아라는 이름의 몰락"을 미리 내다보고 있다. 이 조항은 로마로부터 정치적으로 무력화되는 데 큰 영향을 끼쳤으며, 제2차 포에니 전쟁에서 카르타고와의 동맹상태를 상실하게 하는 원인을 제공했다. 결국 로마가 기원전 217년에 트라스메디아 바다를 평정하면서 에트루리아 본토마저 농락당하게 된다.

종교가 사회를 구성하는 데 끼친 영향을 밝혀보자면 불교와 마니교가 대표적인 예일 것이다. 이 두 종교는 수도원식의 삶이 구원에 이르는 척도라고 주장했고, 이런 사고방식이 세월을 따라 이어져 결국 수도자와 평신도라는 두 계층으로 신자들이 나뉘어졌다.

교통의 발전에도 종교는 한몫을 단단히 했는데, 순례여행을 통해 운송수단이 발달했고 새로운 교통로가 뚫렸다. 고대세계에서 도로와 바닷길은 유향이 오고가는 통로였으며, 이렇게 생긴 길을 따라 레바논의 삼나무가 성전 건축을 위해 옮겨지곤 했는데, 솔로몬 왕의 성전 건축 이야기가 좋은 예이다.[12] 또한 이집트인들의 여행기인 "벤-아문"(Wen-Amun)에 보면 삼나무 운반을 위해 웅장한 배가 건설되었다는 기록이 나온다.[13]

농업 분야에서 보자면 그리스도교의 풍속에 따라 고기를 먹지 않는 날이 생겼고, 포도 농사의 경우 그리스도교 미사에 따라 심고 거두는 절기가 정해졌다. 거꾸로 술을 먹지 않는 이슬람교 때문에 소아시아 지역의 포도 농사는 된서리를 맞았다. 불교에서는 차(茶)를 명상과 가장 어울리면서도, 또한 자극적이지 않은 음료로 간주했고, 이를 통해 차(茶) 문화의 융성을 가져왔다. 중세 유럽에서 모든 농삿일은 그리스도교의 절기에 따라 이루어졌다.

---

12. 구약성서 1열왕 5장 이하.
13. Adolf Erman, *Die Literatur der Ägypter* (Leipzig 1923) 225쪽 이하.